Doris Röschmann

Mitten im Leben

Die Kunst der Selbsterkenntnis

Die Kunst der Selbsterkenntnis

geschieht und gelingt mitten im Leben. Als Lebenskunst kann sie jeder kultivieren und praktizieren. Doris Röschmann lässt ihre Leser anhand von sechs persönlichen Essays an ihren Selbsterkenntnissen mitten im Leben teilhaben. Sie lassen sich auf dreierlei Weise lesen: Als einen Ansatz, eine Anschauung und einen Anstoß für die Kunst der Selbsterkenntnis.

Die Botschaft der Essays ist: Selbsterkenntnis ist ein fortwährender Prozess, der sich wie an einer Drehtür zwischen der Innen- und der Außenwelt entfaltet. Wer die Ereignisse des Lebens zu lesen versteht, hat einen Schlüssel. Mit ihm lassen sich sämtliche Erfahrungen als Gelegenheit betrachten, um den inneren Reichtum zu entdecken und dem Leben eine eigenen Richtung zu geben.

Doris Röschmann

wurde 1966 in Hamburg geboren. Sie studierte Psychologie in Hamburg und absolvierte Weiterbildungen in Gestaltberatung und systemischer Therapie. Ihre spirituelle Schulung erhielt sie von Romulo V. Tajon in seiner von ihm entwickelten Selbstkraftquelle-Philosophie. Ihr beruflicher Weg begann zunächst als freiberufliche Trainerin für Kommunikation und Beraterin für Führungskräfte und Teams, einige Jahre später bildete sie Coaches aus und leitete Seminare zur Persönlichkeitsentwicklung. Seit über zwanzig Jahren begleitet sie in ihrer Coaching- und Therapiepraxis Menschen in Krisen, bei der Heilung biografischer Wunden und bei der Findung der persönlichen Bestimmung. Dabei entwickelte sie ihren eigenen Ansatz zur Selbsterkenntnis, den sie über Bücher, Vorträge und Seminare vermittelt. Sie ist Mutter einer erwachsenen Tochter, lebt in Hamburg und schreibt in Südtirol.

Mitten im Leben

Bibliografische Information der Deutschen Nationalbibliothek: Die Deutsche Nationalbibliothek verzeichnet diese Publikation in der Deutschen Nationalbibliografie; detaillierte bibliografische Daten sind im Internet über dnb.dnb.de abrufbar.

© 2023 Doris Röschmann
Foto: Doris Röschmann
Lektorat: Burkhard Vesper
Herstellung und Verlag: BoD - Books on Demand, Norderstedt
ISBN 978-37-5785-262-7

Mitten im Leben

Inhalt

Einleitung - Mitten im Leben

Mitten im Sommer stehe ich am Geländer der Terrasse eines Gasthofes, in den ich mich zum Schreiben eingemietet habe. Es ist fast Mittag, die anderen Gäste sind schon aufgebrochen zu ihren Ausflügen, die Wanderer, die hier einkehren, sind noch nicht eingetroffen. Ich schaue durch ein Fernglas, das ein Stammgast der Gastwirtin Michaela geschenkt hat. Heute ist mein Abreisetag, und ich bin traurig. Eine wunderschöne Zeit liegt hinter mir. Ich habe schon jetzt Heimweh und frage mich, warum. Zügig taucht die Antwort in mir auf: dieser Ort hat mich in vielerlei Hinsicht reich beschenkt.

Michaela ist eine wache Beobachterin und kennt inzwischen meine Begeisterung für den hiesigen Aus- und Weitblick, die unablässig sich wandelnden Wolkenformationen und die Lichtspiele am Himmel. Darum reicht sie mir ihr neues Profifernglas. Ich stütze mich mit meinen Ellenbogen am Geländer ab, so dass mein Körper zu einem rechten Winkel wird, es ist mir gleichgültig, wie merkwürdig ich dabei aussehe, denn ich genieße diesen Moment: ich schaue durch das Glas in die Ferne, in das gegenüberliegende Grödnertal, das zum ladinischen Teil Südtirols gehört. Vor mehr als drei Jahrzehnten war ich dort mehrmals zum Skifahren in dem Ort mit dem schönen Namen *Wolkenstein*, zunächst als Schülerin mit Freund-innen und später als Studentin mit meinem damaligen Freund. Einmal machten wir eine Tagestour und pausierten auf dem Grödnerjoch, dort gerieten wir in einen Streit. Ich erinnere nicht mehr, was der Inhalt unseres Streites war. Doch ich erinnere mich, dass es uns gelang, uns noch dort oben wieder zu vertragen. Als ich kurz vor der Weiterfahrt meine Skistiefel schließen wollte, sah ich einen Stein. Er passte perfekt zu der damaligen Situation, dem Streit und dem Vertragen: er ist wie für einen Handteller gemacht, seine ovale Form ist an der einen Seite scharf und zerklüftet, an der anderen Seite glatt und rund. Er fiel mir ins Auge wegen seiner Polarität, ich nahm ihn mit und fragte mich: Welche Geschichte könnte mir dieser Stein wohl erzählen?

Während ich durch das Fernglas das Grödnerjoch ausfindig mache, nehme ich mir vor, ihn bei meinem nächsten Besuch in seine Heimat zurückzubringen. Mit diesem Vorhaben bin ich gedanklich beschäftigt, da höre ich Michaela etwas sagen: „Du bist eine Künstlerin". Sie steht ein paar Meter entfernt von mir am Eingang zur Gaststube, ich weiß nicht recht, ob ich richtig gehört habe, darum frage ich nach. „Du bist eine Künstlerin". Nun habe ich sie zwar akustisch verstanden, doch bin ich verwundert über ihre Aussage. Erneut frage ich nach, diesmal, um inhaltlich zu verstehen, was sie meint. In den letzten 15 Tagen habe ich mich an ihre unkonventionelle Art gewöhnt, mit der sie mir fast beiläufig ihre knappen wie aussagekräftigen Kommentare zukommen lässt: „Du lebst wie eine Künstlerin". Dieser Satz trifft in mein Herz, doch ich lasse es mir nicht anmerken, weil ich zu sehr damit beschäftigt bin, diese Worte anzunehmen, damit ich sie tief in mir aufnehmen kann. Ein wertvolleres Abschiedsgeschenk hätte ich mir nicht vorstellen können, denn es ist mir eine Bestätigung für das, was ich in diesen Wochen als meine Passion erkannt habe:

Die Kunst der Selbsterkenntnis.

Dieser Kunst kann ich *mitten im Leben* nachgehen. Das ist meine eigentliche Erkenntnis dieser Reise, auf die ich mich einige Wochen zuvor begab, um zu schreiben. In früheren Aufenthalten hatte ich erkannt, welche Orte mir für das Schreiben besonders dienlich sind: alle die, in denen die Schönheit der Natur „vor meiner Tür" beginnt und ich auf aufgeschlossene und herzliche Menschen treffe. Die Ideen brachte ich mit, die Inspirationen kamen immer dann zu mir, wenn ich absichtslos und ohne Plan unterwegs war. Sie lernte ich, darauf zu vertrauen. Dieses Prinzip ließ ich mich treiben, und so vertrödelte ich manche Tage. Abends lauschte ich den Erzählungen anderer Gäste, die von Wanderungen zu schönen Orten sprachen. Ich tat nur noch das, wozu ich gerade Lust hatte, wanderte auf beschaulichen Pfaden, wiederholte meine Lieblingswege und begab mich dabei innerlich auf „Empfang". So verlebte ich meinen Aufenthalt an diesem Ort, an dem ich mitten in der Natur und mitten unter Menschen war.
Der Schreibfluss folgte meiner Schreiblust, und ich entdeckte meine Kreativität. Dennoch war ich überrascht, mit welchen Augen Michaela mich sah. Sie ist in eine Künstlerfamilie hineingeboren, einige ihrer Bilder schmücken die Flure vor den Zimmern. Ich ahnte lange Zeit nichts von der Künstlerin in mir, denn als Coach und Therapeutin war ich immer meinen Kunden und Klienten zugewandt oder vermittelte als

Seminarleiterin Führungskräften und angehenden Coaches Rollenkompetenz und Selbstreflexion. Als mich ein Kollege, der mich vor einigen Jahren für eine Co-Leitung in einem Kursus für Nachwuchsführungskräfte anfragte, nach zwei Tagen Zusammenarbeit mit den Worten verabschiedete, ich sei sehr „unkonventionell", konnte ich diese Rückmeldung noch nicht als Kompliment hören. Heute würde ich mich über einen solchen Kommentar freuen, weil er mir bestätigt, dass ich den Glaubenssatz, ich müsste mich anpassen, um gesehen und gehört zu werden, hinter mir gelassen habe.

Michaelas Kommentar auf der Terrasse lässt eine weitere Erinnerung auftauchen, die wohl sieben Jahre zurückliegt: es war ebenfalls Sommer, ich kam spätabends von einem Seminar aus der Mitte Deutschlands zurück und stieg am Hauptbahnhof in ein Taxi, beladen mit meiner Reisetasche, einem Seminarkoffer und einem Köcher für die Flipchart-Rolle. Obwohl ich erschöpft war, kamen der Taxifahrer und ich in ein angeregtes Gespräch. Dadurch verflog meine Müdigkeit, und die Fahrt verging wie im Fluge. Als er mir die verschiedenen Gepäckstücke aus dem Kofferraum hob und übergab, fragte er mich, ob ich eine Künstlerin sei. Ich verneinte und fragte ihn, wie er darauf komme. „Sie sehen wie eine Künstlerin aus", antwortete er ohne zu zögern. Meinte er meine Kleidung? Ich trug ein farbenfrohes Shirt, eine weiße Leinenhose und blaue Ballerina, die vom häufigen Tragen Patina bekommen haben. Mein Stil entsprach nicht dem konventionellen Outfit einer Trainerin, doch ich fühlte mich wohl darin. Rückblickend erkenne ich, dass ich darin angemessen gekleidet, aber nicht verkleidet war. Oder lag es an meiner Erscheinung? Er sah eine Künstlerin in mir und schenkte mir mit dieser Frage und seiner Antwort einen neuen Blick auf mich. Andere Menschen sehen zuweilen etwas in uns, was wir selbst nicht sehen können. Warum das so ist, liegt an der Beschaffenheit unseres Gehirns und unserer Psyche. Wir sind zwar potentiell in der Lage, uns selbst zu erkennen, doch zuweilen brauchen wir auch einen Spiegel.

Wenn ich ungefragt einen Kommentar über mich höre oder überraschend eine Rückmeldung erhalte, nehme ich diese mittlerweile als Gelegenheit an. Unabhängig vom Inhalt transportieren sie etwas, dass ich selbst daraus ziehen kann: Selbsterkenntnis. Wenn ich auf diese Weise lebe, fühle ich mich lebendig. Selbsterkenntnis verschafft mir einen Sinn in sich selbst. Alles, was seinen Sinn in sich selbst trägt, braucht keinen Termin im Kalender, denn dieses Tun, das vielmehr ein Sein ist, geschieht und gelingt *mitten im Leben*.

Selbsterkenntnis betrachte ich als eine Kunst, weil sie bestimmte Einstellungen erfordert: Offenheit und Neugier, Mut und Humor, Unabhängigkeit und Selbstkritik. Alle diese Einstellungen sind Künstlern zu eigen, und darum können wir alle zu Künstlern der Selbsterkenntnis werden, wenn wir diese Einstellungen in uns kultivieren wollen. Eine Methode ist dabei nicht notwendig, kann aber nützlich sein, weil sie den Weg der Erkenntnis bahnen hilft. Ohne es beabsichtigt zu haben, entwickelte ich eine Methode, die beim Lesen wie eine Trivialität erscheint: mitten im Leben mache ich Erfahrungen, ich unterscheide diese in angenehme oder unangenehme Erlebnisse. Unangenehme Erlebnisse betrachte ich, indem ich mich selbst beobachte, ohne mich zu bewerten.

Das bewertungsfreie Beobachten ist eine Kunst: ich richte ein metaphorisches Fernglas auf mich selbst, also auf meine

Innenwelt. Alles, was ich „sehe", also meine Gedanken und Gefühle, lasse ich zu. Ein Erlebnis wird erst dann zu einer Erfahrung, wenn ich das Erlebnis auswerte, also die äußere Situation mit meinem inneren Erleben verbinde und mir deren Sinn erschließe. Diese ausgewerteten Erfahrungen machen mich reif. Angenehme Erlebnisse hingegen genieße ich bewusst, indem ich mit allen meine Sinnen, also sinnlich in das Geschehen und lustvoll in das Erleben eintauche. Diese bewusst wahrgenommen Erfahrungen machen mich reich.

Nach unzähligen ausgewerteten Erfahrungen habe ich mich mit einer dritten Kunst vertraut gemacht. Es ist die Kunst, sich selbst und dem Leben zu vertrauen. Seitdem nehme ich staunend zur Kenntnis, was das Leben mir alles bietet und anbietet. In der Ausübung dieser Kunst entdecke ich, dass alles, was mir widerfährt, meiner Selbsterkenntnis dienlich ist.

Die Essays erzählen nicht *über* mich, sondern *von* mir und *wie* ich Selbsterkenntnis praktiziere. Den Auftakt macht jeweils eine zufällige Begegnung oder eine auffällige Bemerkung mitten *im Leben*. Diese brauchte ich nur zu bemerken, um sie mir dann zu merken, indem ich die markanten Sätze oder Aussagen als Titel wählte. Heiter zog ich weiter und erfreute mich über den Vorfall oder Zufall, der mir „über den Weg gelaufen" war. In meinem Schreibatelier brauchte ich nur noch im metaphorischen Sinne zum „Pinsel zu greifen und zu malen": Meine Erfahrungen wurden zu Essays, und sie lassen sich wie Bilder einer Ausstellung betrachten.

Mögen sie inspirieren für mehr Sinnlichkeit im Erleben und mehr Sinnhaftigkeit im Leben.

Drei Künste der Selbsterkenntnis

Erkenne Dich selbst!
Orakel von Delphi

Diese Inschrift über dem Eingang des Tempels von Delphi ist legendär, sie ist bekannt, und sie ist öffentlich. Sie ist eine Aufforderung an die Ratsuchenden, die sich auf den Weg gemacht hatten, um das Orakel zu befragen. Das Zwiegespräch fand im Inneren des Tempels statt, es war eine intime Begegnung. Warum prangte diese Aufforderung über dem Eingang eines Tempels, den Menschen aufsuchten, um Antworten zu finden? In den Überlieferungen heißt es, das Orakel habe in Rätseln gesprochen. Wer es aufsuchte, kam mit einer Frage im Gepäck angereist. Ich nehme an, dass schon die Reise selbst zu Erkenntnissen oder Einsichten führte. Eine Weisheit in Form eines Reimes, der der Huna-Tradition aus Hawaii zugesprochen wird, bringt es auf den Punkt: *Energy flows where attention goes.* Sobald ich meine Aufmerksamkeit auf eine Frage ausrichte, folgt mein Geist dieser Frage.
Dann geschieht etwas, das manches Mal wie Magie erscheint, hingegen neurophysiologisch nachvollziehbar ist, denn mit

der Frage erweitert sich die Wahrnehmung und fokussiert sich zugleich. Möglicherweise hat sich bei den Ratsuchenden der Antike auf ihrer Reise sogar die Frage verändert? Auf ihrer Heimreise hatten die Rat-suchenden zwar die Antwort des Orakels im Gepäck, doch kam diese Antwort nicht in Form einer konkreten Empfehlung, sondern als Rätsel, welches die Ratsuchenden aufforderte, die Botschaft selbst heraus zu finden.

Das Orakel folgte damit dem *Prinzip der Eigenverantwortung.* Es lässt die Ratsuchenden zwar nicht allein mit ihren Fragen, lässt sie aber allein ihre Antworten finden. Mit ihrem Schritt über die Schwelle des Tempels wandelten sich die Ratsuchenden zu Menschen, die sich auf den Weg der Selbsterkenntnis begaben. Dieser Paradigmenwechsel weg von der Abhängigkeit und hin zur Eigenverantwortung ist die Voraussetzung für Freiheit. Solange ich anderen Menschen folge, begebe ich mich in eine Abhängigkeit. Solange ich den Erkenntnissen eines anderen Menschen folge, gebe ich meine eigene Verantwortung ab. Wenn alles „gutgeht", merke ich nicht, dass ich meine Verantwortung abgegeben habe. Doch wen mache ich verantwortlich, wenn mein Vorhaben nicht gelingt oder meine Entscheidung sich als die falsche erweist? Die meisten Menschen schieben in diesen Momenten ihre eigene Verantwortung anderen zu. Das verschafft zwar kurzfristig Entlastung, verhindert aber langfristig, aus einer bitteren Erfahrung lernen zu können.

In der Eigenverantwortlichkeit beschäftige ich mich so lange mit der eigenen Frage und Lebenssituation, bis eine Antwort aus meinem Inneren auftaucht. Wenn ich mir Informationen von neutralen Experten einhole, zeitgemäße Orakel aufsuche oder meine Freunde um ihre Einschätzung von was auch immer bitte, bleibe ich eigenverantwortlich. Solange ich Angst vor einer falschen Entscheidung habe, bin ich noch nicht entscheidungsreif. Auch Scham und Schuld haben keinen „Platz" im Prinzip der Eigenverantwortung. Sie sind Ausdruck einer Opferhaltung. Wenn diese „Wegelagerer" auftauchen, wollen sie identifiziert und entzaubert werden. Wie das geht? Indem ich mich in der *Kunst der Selbstbefragung* übe. Und wie geht das? Indem ich mir die einfache Frage stelle, wovor ich Angst habe. Wenn ich mich dann in der Kunst übe, mich selbst zu beobachten, bietet mir mein Unbewusstes Erinnerungen an, denn es „weiß" genau, welche biografischen Geschehnisse zu der aktuellen Lebenssituation „passen". Solange ich die Botschaften dieser Erinnerungen nicht entschlüsselt habe, hält die Angst mich auf unerklärliche Weise fest.

Die *Kunst, mir selbst und dem Leben zu vertrauen*, bedeutet für mich die Gewissheit, dass jede missliche Erfahrung einen verborgenen Sinn in sich trägt. Mithilfe von Menschen, die mit mir auf Spurensuche gehen, finde ich immer einen für mich plausiblen Sinn heraus. Manchmal braucht es drei Tage, manchmal drei Monate, und manchmal sogar drei Jahre. Doch dieser Suchprozess ist so spannend, dass ich mich inzwischen als Forscherin betrachte. Dank der Entschlüsselungen gelingt mir das, was ich mittlerweile als Königsdisziplin des Lebens betrachte: das Loslassen. Seitdem nehme ich jede schmerzliche oder bittere Erfahrung als Einladung zur Selbsterkenntnis.

Wenn ich in meinen metaphorischen Tempel eintrete, betrete ich einen besonderen Raum: meinen Geist. Die Metapher des Geistes als Raum ist für mich hilfreich, wenn ich seine

Aufgabe und Arbeitsweise verstehen will. Wenn ich mir vorstelle, dass mein Geist ein Raum in mir ist, dann werde ich diesen Raum nicht betreten können, um so zu denken, wie der Verstand es tut. Mein Geist bringt Intuitionen hervor. Sie unterscheiden sich von den Schlussfolgerungen und Überlegungen, die der Verstand hervorbringt. Unser Verstand ist ein Instrument für das Verstehen der äußeren Welt. Die Voraussetzungen für intelligentes Denken sind erworbenes Wissen und konkrete Informationen aus der Welt. Mit ihnen ist der Verstand in der Lage zu kategorisieren, zu analysieren, zu sezieren und zu differenzieren. Unser Geist hingegen braucht als Voraussetzung innere Wissensquellen in Form unserer subjektiven Erfahrungen. Diese verknüpft er assoziativ und kreativ mit den sinnlichen Wahrnehmungen. Was wir wahrnehmen, hängt von unserem subjektiven Filter ab. Unser Filter ist unbewusst und beruht auf unseren Vorerfahrungen, die zu einer ebenfalls unbewussten Voreingenommenheit führen. So verhindern wir eine objektive Wahrnehmung. Unser Denken ist jedoch veränderbar, weil wir potentiell in der Lage sind, uns unserer Wahrnehmung bewusstzuwerden, indem wir uns selbst dabei beobachten.

Unser Geist verknüpft diese subjektiven Wahrnehmungen von selbst. Man nennt diese Arbeitsweise *Selbstorganisation*. Sie gilt für alle lebende Systeme, also für das Nervensystem wie für das Verdauungssystem, für eine Lärche wie für eine Lerche. In aller Kürze bedeutet diese Arbeitsweise, dass sämtliche Elemente des lebenden Systems in einer ihrer Struktur immanenten Weise aufeinander ein- und zusammenwirken. Diese Prozesse lassen sich beobachten und erklären, aber nicht vorhersagen, da ein lebendes System immer abhängig ist von seiner Umwelt, mit dieser interagiert und so ein komplexes Zusammenspiel im Inneren des Systems und mit der Umwelt im Sinne des Fortbestandes des Systems gewährleistet. Die komplexen Prozesse eines lebenden Systems sind nicht direkt steuerbar, lassen sich aber über Veränderungen in den Rahmenbedingungen irritieren.

Der Paradigmenwechsel durch die Erkenntnisse in der Quantenphysik geht noch einen Schritt oder „Quantensprung" weiter: allein die Beobachtung eines Systems bringt bereits Veränderungen innerhalb des Systems hervor. Darum kann die Beobachtung niemals objektiv sein, denn sie ist beobachterabhängig. Auf unseren Geist bezogen, bedeutet das, dass wir schon über die Beobachtung unserer Wahrnehmung unsere Wahrnehmung und damit auch die Verknüpfungen in unserem Geist verändern können. Auf unsere Wahrnehmung können wir über unsere Einstellung indirekt Einfluss nehmen: Offenheit erweitert das Wahrnehmungsvermögen, und die Fokussierung durch eine Frage richtet die Wahrnehmung aus. Mit einem nach innen gewandten Blick lassen sich die aufkommenden Assoziationen betrachten. Dann geschieht das, was ich jedes Mal wieder aufs Neue wie ein Wunder erlebe: eine Erkenntnis ist plötzlich „da" oder taucht allmählich auf, nicht durch konzentriertes Denken, sondern durch zurückgelehntes Sinnieren. Manchmal kommt sie auch zu mir, während ich gerade koche, dusche oder staubsauge, also mitten in meinem Leben.

Unser Geist ist unser eigener Tempel der Weisheit, den wir, bildlich gesprochen, immer aufsuchen und über dessen Schwelle wir immer wieder eintreten können. Er arbeitet nicht mit Informationseinheiten wie mit Zahlen und Ziffern. Seine

Informationsquellen sind Empfindungen aus dem Körper-inneren, also Muskelspannung oder Herzschlag sowie sinnliche Wahrnehmungen aus der Welt, also Melodien oder Düfte. Während ich eine Wolke betrachte, können sich in meinem Geist Verknüpfungen vollziehen, die nicht logisch erklärbar sind. So ist es möglich, dass ich in einer Wolke die Form eines Tieres erkenne und mich frage kann, was dieses Tier für mich bedeutet. Meine Antwort wird vor allem eine Bedeutung für mich selbst haben, andere jedoch inspirieren.

Die Kurzformel für beide Funktionseinheiten lautet: Der Geist verbindet, der Verstand trennt. Mit unserem Verstand bringen wir „die Dinge" auf den Punkt, mit unserem Geistes erweitern wir sie. Eine Frage zu *formen* betrachte ich als Kunst. Mit Absicht wähle ich nicht das Wort *formulieren*. Wörter sind wie Eintrittstüren für den Verstand oder für den Geist. Wörter, die wir uns bildhaft vorstellen können, finden ihren Weg direkt in den Geist. Ebenso sind Begriffe wie Liebe, Schönheit oder Wahrheit „Bewohner" dieses Raumes, weil sie als eigene Erfahrungen in uns vorhanden sind und in Form von Erinnerung auftauchen. Präzise, abstrakte oder akademische Begriffe lassen unseren Geist „fremdeln". Als Künstlerin der Selbsterkenntnis betreten ich den Raum bewusst für:

1. die Kunst, mich und das Leben zu befragen,
2. die Kunst, mich und das Leben zu beobachten,
3. die Kunst, mich und dem Leben zu vertrauen.

„Wie machst Du das?" wurde ich häufig gefragt. Dank dieser Frage wurde mir bewusst, wie ich Selbsterkenntnis praktiziere. Dieses Buch ist ein *Erzählbuch,* das zwischen-durch immer mal wieder Ausflüge zu einem *Erklärbuch* macht. Den drei Künsten der Selbsterkenntnis habe ich jeweils zwei Essays zugeordnet. Sie liefern zwar keine Anleitung *für*, aber eine Anschauung *in* der Kunst der Selbsterkenntnis. Meine Erfahrungen bilden den Rahmen, innerhalb dessen ich zu Erkenntnissen über mich selbst komme. Sie sind die Substanz, aus der ich die Selbsterkenntnis als Essenz gewinne. Die Erzählungen bilden die Oberfläche, meine Erkundungen laden zum Eintauchen in das innere Geschehen ein: zu Beginn taucht eine Situation oder Begebenheit auf, die mir quasi „über den Weg" läuft. Diese greife ich auf und lasse mich dann von aufsteigenden Assoziationen forttragen. Wie bei einem mäandernden Fluss folge ich meinen Erinnerungen staunend und lasse mich überraschen, was auftaucht, dabei entdecke ich neue Pfade, die nur deswegen neu für mich sind, weil ich sie bewusst wahrnehme. Mal tauche ich ein in meine Innenwelt, mal erforsche ich mich in der Außenwelt. Nach und nach entdeckte ich, auf welche Weise beide Welten miteinander verwoben sind und aufeinander einwirken: sie folgen einer psychologischen Logik, die manches Mal magisch erscheint. Häufig hörte ich mich sagen „das Leben schreibt die besten Drehbücher" und schrieb sie auf. Sie geben persönliche und manches Mal intime Einblicke in mein Leben und mein Innenleben. Die Menschen in den Erzählungen, die mir diese Erfahrungen ermöglicht haben, tauchen auf eigenen Wunsch mit ihrem echten oder mit einem Alias-Namen auf. Ich bin ihnen allen dankbar, denn jede Begegnung hat mir die Augen geöffnet und mir neue Erkenntnisse ermöglicht. Mögen diese Erzählungen Augen öffnen für den eigenen Weg der Selbsterkenntnis.

1.
Von der Kunst,
sich und das Leben zu befragen

Gibt es hier einen Psychologen?

„Es gibt Jahre, die stellen Fragen und es gibt Jahre, die geben Antworten".
Zora Neale Hurston

Es war das 20jährige Jubiläum unseres Abiturjahrgangs, und es war ein Jahr, das mir Fragen stellte. Ich wollte an diesem Samstagabend im Spätsommer nicht der Einladung des Festkomitees folgen, sondern zuhause bleiben, um mich meiner desolaten Lebenssituation hinzugeben, ich könnte auch sagen, mich in meinem Selbstmitleid zu suhlen. Ich war nicht in der Verfassung, mit den Menschen aus meiner Schulzeit Erinnerungen auszutauschen oder auf typischen Fragen „...und was machst Du?" zu antworten. Aber vor allem wollte ich es mir nicht zumuten, in glückliche Gesichter zu schauen.

„Warum eigentlich nicht?" fragte ich mich selbstkritisch. So ein Jubiläum ist ja kein Wettbewerb in Lebenserfolg. Gute Geschichten sind interessant, weil sie von Zerwürfnissen und Zusammenbrüchen ihrer Protagonisten erzählen und von dem Weg, wie sie ihr Schicksal in die Hand genommen und ihre Krisen bewältigt haben. Mich interessierten bei Menschen schon immer eher die schwierigen Ereignisse im Leben, und da hätte ich ein aktuelles beizutragen. Es würde zudem wunderbar in das Klischee von mir als Psychologin passen, welches besagt, Psychologen wählten diesen Beruf, weil sie es selbst „am nötigsten" hätten. Was genau diese Berufsgruppe „am nötigsten" habe, wird dann immer offengelassen. Lange habe ich dieses Klischee als ärgerlich empfunden, bis ich mich mit dem eigentlichen Zweck eines Klischees beschäftigte: ein Klischee macht die eigene Urteilsbildung überflüssig, indem es Fragen unterbindet, weil es die Antworten schon vorgibt. In der Goldschmiede liefert das Klischee die Vorlage, die nicht jedes Mal neu hergestellt werden muss. Diese Funktion erfüllen Klischees auch bei uns Menschen, indem sie Vorlagen für die Antworten auf die Fragen des Lebens liefern. Sie fungieren als konventionelle Konzepte für Situationen, die nicht jedes Mal neu bedacht werden müssen. Wer sein Leben an Konzepten ausrichtet, benötigt die ganze Energie dafür, den Erwartungen anderer zu entsprechen oder dem Anspruch an sich selbst zu genügen.

Diese verinnerlichten Erwartungen an uns sind unbewusst und werden in der Psychologie als Introjekte bezeichnet. Sie sind schwer zu identifizieren, weil sie erscheinen, als kämen sie aus uns selbst heraus. Und sie sind schädlich, weil sie uns von uns selbst entfremden. Je mehr ich mich auf den Weg zu meinem eigenen Selbst begeben habe, desto zügiger habe ich erfasst, ob und in welcher Weise mein Gegenüber von sich selbst entfremdet ist. Ich merke das regelmäßig daran, dass ich beim Zuhören müde werde. Wenn von sich selbst entfremdete Menschen in Krisen kommen, also in Jahre, die ihnen Fragen stellen, haben sie die Fähigkeit verloren, selbst Antworten zu finden. Sie erwarten dann Antworten von anderen oder Lösungen, die das Jahr der Fragen möglichst schnell beenden. Wenn ich mich selbst in einem Jahr befinde, das mir Fragen stellt, ich mich also in einer Krise befinde, brauche ich Menschen, die mir unvoreingenommen zuhören, damit ich meine eigenen Antworten finden kann. Was mir dann am Wenigsten hilft, sind Menschen, die mir einfach „Standard"-Antworten oder allgemeine Klischees zukommen lassen. In diesem Jahr der Fragen, in dem ich mich befand, wurde mein Leben wie bei einem Erdbeben erschüttert. Inzwischen hatte ich zwar einen neuen Boden in mir gefunden, doch die vielen Fragen warteten darauf, betrachtet und beantwortet zu werden. Immer, wenn ich diesen Fragen auswich, versank ich in Selbstmitleid. Wenn ich mich mit den Fragen konfrontierte, setzte ich einen Prozess des Verstehens in Gang, aus dem heraus sich neue Perspektiven für mein Leben eröffneten. Je mutiger ich mich den Fragen zuwandte, desto klarer waren meine Erkenntnisse über mich selbst. Je mehr ich mich selbst in den Blick nehmen konnte und Seiten von mir entdeckte, die ich zuvor gar nicht kannte, desto mehr Fragen konnte ich mir stellen. Ich hatte deswegen keine Angst mehr vor den Antworten, da ich einiges verloren hatte, was mir wichtig war. So war es mir auch nicht mehr wichtig, ein bestimmtes Bild von mir aufrechterhalten zu müssen. Im Gegenteil, es war mir nicht nur nicht mehr wichtig, ich konnte es gar nicht mehr. Eine Krise ist somit eine Gelegenheit, sich in das Leben hinein zu begeben, ohne daran zu denken, was andere wohl über einen denken. Eine Krise ist sozusagen eine Einladung zur Authentizität. Wie wäre es, fragte ich mich, wenn ich den Abend umwidme, möglichst viele Fragen stelle und beobachte, welche Fragen mir gestellt werden würden? Mit dieser Intention konnte ich mich auf die Jubiläumsfeier einlassen und mich in den Abend und das gemeinsame Erinnern hineinfallen lassen. Das eine oder andere Glas Weißwein könnte dabei sicherlich geholfen haben. Doch viel mehr trugen unverhoffte Gespräche in einer Runde von vier Frauen dazu bei.

Wir waren uns unausgesprochen einig, uns nur kurz über unsere Kinder und das Mutterdasein auszutauschen, und uns statt dessen zu befragen, warum bei der Hälfte dieser Runde eine Beziehung zur Trennung führte. Die Antworten blieben auf einem allgemeinen Niveau, alles andere wäre für den Abend auch unpassend gewesen. Bevor wir uns selbst mit Plattitüden langweilten, wandten wir uns einer aktuelleren Frage zu, nämlich der, wie wir mit dem Älterwerden umgehen. Wir befanden uns kurz vor oder mitten im Übergang in ein neues Lebensjahrzehnt und waren uns einig, dass unsere zunehmende Lebenserfahrung und vor allem unsere Krisen uns selbstbewusster und reifer haben werden lassen. Hingegen fanden wir die Spuren, die das Älterwerden an unserem Körper sichtbar werden ließen, nicht so toll. Wir waren uns auch einig, die besten Gegenmittel seien nicht Cremes und Sport, um dem Alterungsprozess entgegenzuwirken, sondern unsere Lebenseinstellung. Wir bestätigten einander in der Erkenntnis, dass eine positive innere Haltung uns Menschen auch äußerlich schön sein lässt. Wir versicherten uns, wie gerne wir Komplimente bekommen, natürlich nur die echten, die überraschenden und originell daherkommenden und nicht die langweiligen, überheblichen oder floskelhaften Sätze wie „Du hast Dich gut gehalten". Wir waren uns einig, dass Frauen einander viel konkretere Komplimente machen können, als eine von uns sich an eine Ausnahme erinnerte. Sie winkte uns fast verschwörerisch mit dem Zeigefinger näher zu sich heran, um uns in das ungewöhnlichste Kompliment einzuweihen, das sie je gehört habe, nämlich das ihres Gynäkologen. Glucksend erzählte sie uns von ihrer kürzlichen Visite beim Frauenarzt, der meinte, ihre Vagina sähe aus wie die einer 25jährigen.

Inzwischen war ich froh, mich zu dieser Jubiläumsfeier aufgerafft zu haben, denn mit solch vergnüglichen Gesprächen hatte ich nicht gerechnet. Während eine aus der Runde augenzwinkernd nach dem Namen dieses Arztes fragte, war ich gedanklich damit beschäftigt, dass irgendwas nicht ganz stimmte an diesem Kompliment. Ich zog mich innerlich eine Weile zurück, bis mir ein- oder besser auffiel, was der Grund für meine Irritation war: die Verwechslung von Vagina und Vulva. Dass ein Fachmann für weibliche Geschlechtsorgane diese Fachwörter falsch verwendete, verdarb mir keineswegs den Spaß an der Anekdote, ließ mich aber stutzig werden. Ich kenne diese leisen oder manchmal auch lauten Irritationen in mir, wenn etwas, das nicht stimmt oder sogar falsch ist, von der Allgemeinheit unbemerkt hingenommen wird. Wenn ich dann darauf hinweise, wird mir das häufig als Besserwisserei ausgelegt. Hingegen bei mir ähnlich veranlagten Menschen erfahre ich Verständnis für mein Bedürfnis, Ungenaues oder Verdrehtes geradezurücken.

So wie manche Menschen ordentliche Zimmer brauchen, um sich wohlzufühlen, so brauche ich den „ordentlichen" Umgang mit Begriffen. Mein Geist braucht diese Aufgeräumtheit, um sich entspannt dem eigentlichen Thema widmen zu können.

Gerade wollte ich ansetzen und diese Ungenauigkeit thematisieren, als Herr Sprick sich zu uns gesellte. Ich erkannte ihn sofort, er war mein Klassenlehrer in der fünften und sechsten Klasse und unterrichtete uns in Mathematik. Obwohl ich die ersten beiden Jahre am Gymnasium in nicht guter Erinnerung habe und Mathematik auch nicht mein Lieblingsfach war, freute ich mich, ihn zu sehen, und begrüßte ihn mit seinem Namen. Mir war bewusst, dass ich mich als ehemalige Schülerin an meinen Lehrer natürlich intensiver erinnern kann als er sich an mich, es sei denn, ich wäre ihm durch irgendeine Situation oder Eigenart in Erinnerung geblieben. Doch da er vor mittlerweile dreißig Jahren nur zwei Jahre lang mein Klassenlehrer war, blieb das Wiedererkennen ein einseitiges. Das dachte ich zumindest, denn er wusste meinen Namen nicht. Herr Sprick schaute mich fragend an, und mir schien, er suchte in sich nach einer Erinnerungsspur. Ich nannte meinen Namen. Mein Nachname war in der Schule bekannt, da mein Bruder ein Mathegenie und sein Vorname und unser Nachname darum dem gesamten Lehrerkollegium geläufig war. Und ich? Mathematik gehörte wie gesagt nicht zu den Fächern, die mir leichtfielen, und er war mein Klassenlehrer in der fünften und sechsten Klasse, an die ich ungute Erinnerungen habe. Genauer gesagt, ich habe kaum Erinnerungen. Es war, als wäre ich damals gar nicht „da" gewesen. So habe ich seinerzeit wohl auch auf Herrn Sprick gewirkt, denn in jedem Zeugnis war im Textfeld zu lesen: „Doris ist sehr schüchtern. Sie sollte mehr auf ihre Fähigkeiten vertrauen". Ich war tatsächlich sehr schüchtern, denn ich wusste nicht, welcher Art meine Fähigkeiten sind. Was ich von mir wusste, war, dass ich zügig und fehlerfrei lesen konnte.

Und ich wusste noch etwas über mich: „Doris malt sehr schöne Bilder". Dieser Satz stand statt einer Zensur regelmäßig im Zeugnis meiner Grundschulzeit. Herr Sprick nahm also die Schüchternheit der damals zehnjährigen Doris wahr. Doch jenseits dieser schüchternen Schülerin erkannte er wohl auch ihre Fähigkeiten, denn sonst wäre der zweite Teil des Satzes unlogisch gewesen.

An diesem Abend schien er sich bestimmt nicht mehr an das zu erinnern, was er einst unter meine Zeugnisse geschrieben hatte. Doch es schien mir, dass langsam ein Erinnerungsbild von mir in ihm auftauchte, und fragend sagte er zu mir: „Sie sind doch die, die immer so kluge Fragen stellte?" Was für eine schöne Aussage in Frageform ich da vernahm! Ob er wirklich mich meinte? Die Möglichkeit einer Verwechslung ignorierte ich einfach und hörte mich unmittelbar antworten: „Ja, mit klugen Fragen verdiene ich nun mein Geld". Ich überraschte und erfreute mich an meiner Antwort, die nur deshalb so spontan aus mir herauskam, weil ich meine Schüchternheit in den letzten Jahrzehnten abgelegt hatte. Wie hatte ich das geschafft? Indem ich in meinem Beruf meiner Neugier folgte und Fragen stellte. Und je häufiger ich Fragen stellte, desto mehr legte ich meine Zurückhaltung ab wie einen Mantel, den ich nicht mehr brauchte. Die Antworten meiner Klienten, Teilnehmer und Kunden bestätigten mich darin, dass meine Fragen kluge Fragen waren, weil sie sie zum Nachdenken brachten. Auf diese Weise wurde ich selbstbewusster. Niemand konnte sich vorstellen, dass ich einst schüchtern gewesen war. Ich war eigentlich nicht schüchtern, ich wusste nur einfach nichts beizutragen. Herr Sprick sagte der damals zehnjährigen Doris nicht, dass sie kluge Fragen in sich trug. Ich fragte mich, warum er mir diese Rückmeldung versagte. Wie sollte ich mehr meinen Fähigkeiten vertrauen, wenn ich nicht wusste, dass diese Fähigkeiten in mir schlummerten? Ich wusste ja noch nicht einmal, dass es eine Fähigkeit ist, kluge Fragen stellen zu können, also konnte ich sie auch nicht anwenden, also „aus mir herauskommen".

Meine schlagfertige Antwort an Herrn Sprick hätte nun eigentlich eine Vorlage für eine weitere Frage seinerseits gewesen sein können, doch die blieb aus. Vermutlich war er genauso überrascht von meiner Antwort wie ich selbst? Vielleicht erging es ihm genauso wie mir, wenn eine Antwort wie ein Türöffner für tausend Gedanken ist, die alle gleichzeitig durchs Hirn strömen? Wenn es mir so ergeht, verstumme ich nach außen, während in mir Geistesblitze explodieren. Wie auch immer, kurz darauf hörte er, wie ein anderer ehemaliger Mitschüler ihn mit seinem Vornamen zu sich rief, und Herr Sprick verschwand in der Menge. Einige Zeit später gesellten die beiden sich zu unserer Frauenrunde. Dabei erfuhr ich, dass Herr Sprick mittlerweile seine Lehrertätigkeit reduziert hatte, um für die Schulbehörde als Energieberater tätig zu sein. Er erzählte anschaulich, was er so alles bewirke, und ich hatte den Eindruck, dass ihn diese Aufgabe noch mehr begeisterte als der Umgang mit Schülern. Nachdem Herr Sprick sich anderen ehemaligen Schülern zuwendete, fragte ich meinen Nachbarn, wie er ihn denn so in Erinnerung habe. Ein weiteres Mal staunte ich, was ich durch eine Frage so alles erfuhr: Herrn Sprick habe ihn nicht so sehr als interessiert. Aber durch seine Klarheit und seinen Humor habe er er ihm Halt gegeben. Ohne ihn hätte es passieren können, dass er abgedriftet wäre. Da wurde mir bewusst, dass manch ein Lehrer in der Lage ist, jungen Menschen etwas zu geben, woran sie sich immer erinnern werden. Manchmal ist das ein wohlwollender Blick, der einem hilft, die eigenen Potenziale zu entdecken, mit denen man sein Leben dann in die eigenen Hände nehmen kann. Manchmal ist es die Persönlichkeit des Lehrers, die für einen jungen Schüler ein stabiles Gegenüber ist, das er von seinem Vater vielleicht nicht kennt. Wir fanden heraus, dass Herr Sprick möglicherweise das war, was man einen „Jungenlehrer" nennen könnte. Ob Herr Sprick das wohl weiß?

Während unseres Gespräches wurde mir bewusst, dass ich in der Oberstufe selbst das Glück hatte, auf einen Lehrer treffen, der mein Potenzial erkannte und mir half, dies zu entdecken. Es war mein Lehrer in Gemeinschaftskunde, der mir ab der elften Klasse zu einem völlig neuen Erleben von Schule verhalf. Gerade wollte ich von ihm erzählen, als ich mehrmals eine Frage hörte, die durch die Menge gerufen wurde.

„Gibt es hier einen Psychologen?"

Ich hörte, wie irgendjemand ebenso laut, aber nur einmal antwortete: „Ja, da drüben: Doris". Der Fragende war Herr Kühl. Es war ein magischer Moment, denn er war der Lehrer, von dem ich gerade erzählen wollte. „Ein tolles Drehbuch, dass sich hier gerade vor und mit mir entfaltet", denke ich mir und bin erneut erfreut, dass ich mich nicht nur zu diesem Jahrgangstreffen aufgemacht, sondern mir auch vorgenommen hatte, diesen Abend zu genießen. Herr Kühl unterrichtete den Gemeinschaftskunde-Leistungskurs. Wir erkannten uns sofort und freuten uns an unserem Wiedersehen. Innerhalb weniger

Sekunden bot er mir das *Du* an und erklärte mir, dass er auf der Suche nach einem Psychologen sei. Ich nahm zur Kenntnis, dass er bei der männlichen Form blieb, obwohl er mit mir sprach, registrierte aber auch, dass es mir gleichgültig war, wie er mich ansprach. Mir ist das Formale nicht wichtig, wenn ich spüre, dass ein Mensch mit Wertschätzung spricht. Er erzählte mir ausführlich von einem Kurs mit dem Titel *Berufswahlerkundung*, den er seit einigen Jahren für Schüler der zehnten Klassen anbot.

Der Titel klingt zwar spröde, erklärt dafür aber exakt, worum es in dem Kurs geht, nämlich die Schüler bei ihrer Berufs- oder Studienwahl zu unterstützen. Dafür lud er eine Woche lang täglich mehrere Personen aus sehr verschiedenen Berufsfeldern ein, die aus ihrer Berufserfahrung berichteten und Fragen beantworten. Das Berufsfeld Psychologie war personell noch unbesetzt, und er fragte mich, ob ich das übernehmen würde. Ich mochte, wie er sich für die Jugendlichen engagierte, und ich mochte auch, wie begeistert er mir davon erzählte. Darum sagte ich ihm zu. Christian Kühl hatte mir vor zwanzig Jahren nicht nur gezeigt, dass mir Schule Spaß machen kann, weil er den Unterricht mit interessanten Fragen würzte, die in unserem Leistungskurs zu konträren, von ihm gut moderierten Diskussionen führten. Er hat mir dabei auch vermittelt, dass ich einigermaßen klug sei. Er konnte mir unabhängig von der inhaltlichen Zustimmung oder Ablehnung meiner Argumente erläutern, woran er meine Klugheit erkannte, nämlich an der Schlüssigkeit meiner Argumentation. Das hat mir damals sehr geholfen, ein realistisches Selbstbild meiner Fähigkeiten zu entwickeln.

Vor allem ist mir ein Kommentar von ihm unvergesslich: Als ich meine Klausur bei der schriftlichen Abiturprüfung eine Dreiviertelstunde vor der Abgabezeit auf das Lehrerpult legte und meinte, mehr sei mir nicht eingefallen, quittierte er meine Unterlagen mit den Worten: „In der Kürze liegt die Würze". Ich nahm an, dass seine Worte anerkennend gemeint waren und ging mit einem sehr guten Gefühl nach Hause. Meine präzisen und prägnanten Ausführungen zu Jean Jaques Rousseaus Gesellschaftsvertrag erhielten die meinem Gefühl entsprechende Benotung. Das war 1985. Wenig von diesem Werk, mit dem ich mich monatelang beschäftigt hatte, ist mir heute noch in Erinnerung, umso mehr aber dieser eine Satz meines Lehrers, mit dem er meine Fähigkeit zur Prägnanz quittierte.

Zurück ins Jahr 2005. Ich befand mich gerade in einem dieser Jahre, die Fragen stellen, und dieses Jahr stellte mir die Frage, warum ich so lange in einer Beziehung blieb, in der ich schon lange nicht mehr glücklich war und die am Ende auf eine Weise abbrach, die mir noch immer in den Knochen steckte? Ich war noch weit entfernt von einer Antwort. Die fand ich mit Hilfe meines Psychotherapeuten. Er half mir nicht nur durch diese krisenhafte Zeit, indem wir uns mit dieser Frage beschäftigten. Er half mir vor allem, aus dieser Krise zu lernen, indem er mich durch das Wirrwarr in meinem Inneren in Richtung meiner inneren Schatzkammer navigierte, von der ich damals gar nicht wusste, dass es sie gab. Dort fand ich einige Gaben, von denen ich ebenso wenig wusste, weil sie von Anfang an in mir waren. Doch sie waren mir nicht bewusst und blieben darum namenlos. Indem sie mir bewusstwurden und einen Namen bekamen, konnte ich mit ihnen mein Leben

zukünftig so gestalten, dass es mir mehr entsprach und ich dadurch glücklicher wurde. Und damit fand ich auch die Antwort auf die Frage, warum ich solange in dieser Beziehung geblieben war: solange ich mir meiner Gaben nicht bewusst bin, brauche ich Menschen „im Außen", um glücklich zu sein. Anhand dieser meiner bis dahin schwersten persönlichen Krise begriff ich, was mir zuvor nur theoretisch geläufig gewesen war. Nun hatte ich den Beweis für die These: Krisen „werfen" den Menschen auf sich selbst zurück. Wer bereit ist, sich unbequemen Fragen zu stellen, und auch bereit ist, seine Blickrichtung zu ändern und sich nach innen zu wenden, findet alles, um das eigene Schicksal „selbst in die Hand zu nehmen". Das ist in ihrer Kurzversion die Formel, um den Sinn einer Krise zu erfassen. Nachdem ich mich mit therapeutischer Hilfe auf einen mühevollen und langwierigen Weg gemacht hatte, Antworten zu finden, wurde mir bewusst, dass ich in dieser Ehe zu wenig Fragen stellte, obwohl ich registrierte, dass etwas nicht stimmte. Ich habe nicht nur zu wenig Fragen gestellt, sondern mich auch mit den spärlichen Antworten zufriedengegeben. Das war mir eine bittere Lehre. Inzwischen habe ich ein untrügliches Gespür entwickelt, wenn die äußere Form, also das Verhalten eines Menschen „gut" klingt oder aussieht, aber nicht dem Inneren dieses Menschen entspricht, er also entweder etwas verbirgt oder nicht ehrlich ist. Die schmerzliche Erfahrung, angelogen und getäuscht worden zu sein, mündet als Erkenntnis in einem Satz meines Therapeuten, der mir für immer in Erinnerung bleiben wird: „Doris, Du kannst Deiner Wahrnehmung trauen".
Auch zwanzig Jahre später ist mein ehemaliger Lehrer in Gemeinschaftskunde immer noch begeisterter Lehrer, weil er

junge Menschen mag und weil er es mag, ihnen das Denken beizubringen. Damals war es für mich neu, dass ein Lehrer kluge Fragen stellt und uns auffordert, uns eine eigene Meinung zu bilden. Aus dieser Dankbarkeit heraus und um ihm einen Gefallen zu tun, machte ich mich drei Monate nach diesem Jahrgangstreffen auf den Weg zu meinem Einsatz. Christian begrüßte mich wieder herzlich, diesmal in einem spartanisch eingerichtetem Tagungshaus, das sich rühmte, ein Ort für Begegnung und Bildung zu sein. Die Farbwahl des Mobiliars von dunkelbraun bis mittelbraun sowie die grellen Lichtverhältnisse ließen mich sofort müde aussehen und mich auch ebenso fühlen. Der Herbstwald im November bei Dauerregen mit seinen Brauntönen schien das farbliche Vorbild für die Inneneinrichtung gewesen zu sein. So wenig sinnlich dieser Ort war, so sinnvoll war die Veranstaltung. In den kommenden drei Jahren fuhr ich jeden November in dieses Tagungshaus in den Harburger Bergen südlich der Elbe. Dort stellte ich mich in einem dieser kargen Räume neben ein Flipchart, veranschaulichte die unterschiedlichen Berufsfelder von Psychologen und erzählte konkret von meiner eigenen Tätigkeit.

Im Anschluss daran gab es eine Fragerunde. Das Niveau der Fragen war niedrig, womit ich meine: die Fragen überboten sich an Banalität. Als erstes wurde ich gefragt, wie viel Geld ich verdiene. Dann wurde ich gefragt, wie schwer das Studium sei. Und um das Klischee zu erfüllen, fragte ein Schüler, ob es stimme, dass Psychologen deswegen diesen Beruf wählten, weil sie selbst einen Psychologen nötig hätten. Ich merkte, wie peinlich es Christian war, dass seine Schüler, es waren allesamt Jungs, diese oberflächlichen Fragen stellten. Doch immerhin stellten sie Fragen. Als ich in kollegialer Runde von diesem Erlebnis erzählte, fragte wir uns, worin der Unterschied zwischen intelligenten und trivialen Fragen besteht, und erinnerten uns, dass in der Kognitionspsychologie Neugier als wesentliches Merkmal der Intelligenz hervorgehoben wird. Intelligent zu sein bedeutet nicht, über Wissen zu verfügen, sondern sich immer wieder und immer weiter neugierig auf die Suche nach Wissen zu begeben. Kluge Fragen entstehen also aus einer Neugier heraus. Kinder sind von Natur aus neugierig und beobachten die Welt noch unvoreingenommen. Wenn wir uns unsere Unvoreingenommenheit und unsere Neugier erhalten, verhilft sie uns zu Beobachtungen von Phänomenen, aus denen sich Fragen generieren. Neugier ist auch die treibende Kraft in uns, wenn wir uns ein eigenes Bild von den Dingen machen, Ungereimtheiten identifizieren und Ungeklärtes entdecken wollen. Unser Gehirn überschüttet uns mit Glückshormonen, wenn wir einen eigenen Einfall produziert haben, darum nimmt ein neugieriger Geist vorgegebenen Antworten nicht einfach hin, sondern denkt über sie nach, überprüft deren Plausibilität und generiert daraus weitere Fragen. Neugier lässt sich nicht von außen induzieren. Bei vielen Schülern schläft die Neugier und schlummern Interessen, die geweckt werden wollen. Wenn es Lehrern gelingt, Interesse an einem Fachgebiet zu wecken, zeigt sich das an der Vitalität des Unterrichts.

Christian hatte mich als Psychologin angefragt, den an diesem Berufsfeld interessierten Schülern eine Übersicht über die beruflichen Möglichkeiten der Psychologie zu geben. Ich habe mich gefragt, welche Fragen mir als Schülerin eingefallen wären. Wenn ich merke, dass mir etwas langweilig wird, kann ich inzwischen meine Neugier selbst wecken, indem ich mich frage, welche Fragen ich mir selbst stellen würde. Es sind Fragen zu meinen eigenen Erfahrungen und Einschätzungen:

- was macht mir an meinem Beruf Freude?
- was frustriert mich?
- warum hat die Psychologie einen ambivalenten Ruf in der Gesellschaft? (wir sind im Jahr 2005)
- warum habe ich Psychologie studiert?
- was fand ich im Studium am spannendsten und warum?
- wie trenne ich Berufliches und Privates?
- woran merkt meine Familie, dass ich Psychologin bin?

Bei diesen Fragen kann ich mich von meinen eigenen Antworten überraschen lassen. Wenn ich meine Antworten schon kenne, langweile ich mich. Bei der Beantwortung kluger Fragen komme ich selbst zu neuen Einsichten. Mit diesen Fragen hätte auch ich etwas von diesen Besuchen „gehabt", außer meinem ehemaligen Lehrer einen Gefallen zu tun.

Als ich meine Flipcharts zusammenrollte und mich fragte, ob ich bereit sei, im Folgejahr wiederzukommen, kamen zwei Schülerinnen zu mir und fragten mich, ob ich noch kurz Zeit für sie hätte. Ich bejahte, und sie erzählten von ihren eigenen hilfreichen Therapieerfahrungen, die sie veranlasst hätten, sich für dieses Berufsfeld zu interessieren. Sie fragten, ob dies als Motivation ausreiche, Psychologie zu studieren. Daraus entwickelte sich ein längeres Gespräch, und es gesellte sich sogar der Schüler dazu, der zuvor die Frage nach der Höhe meines Einkommens gestellt hatte. Er erwies sich in dieser kleinen Runde als sehr viel reflektierter und interessierter. Ich beantwortete alle diese Fragen zwar gern, doch hätte ich sie lieber in der dafür vorgesehenen Zeit besprochen. So blieben mir der Raum wie der Abend Erinnerung, wie sie waren: karg. Doch es gab noch eine weitere Erinnerung, die mir eine weitere Erkenntnis ermöglichte: als Christian mir signalisierte, dass die letzte Veranstaltung des Abends bald beginnen würde, bot er mir an, mich bis zu einer Tankstelle an der Hauptstraße zu lotsen, von der aus der Rückweg leicht zu finden sei. Im Jahr 2005 waren Navigationsgeräte noch nicht Standard. Bei der Verabschiedung an der Tankstelle kam es zu einer etwas peinlichen Situation: wir kamen auf das Thema *Alter* zu sprechen. Das heißt, nicht *wir* kamen auf das Thema zu sprechen. Christian begann damit, indem er mir zunächst das Kompliment machte, dass ich „für mein Alter viel jünger aussähe". Ich war nach diesem langweiligen Abend müde und konnte keine angemessene Replik finden. Außerdem wollte ich nicht mit meinem ehemaligen Lehrer übers Älterwerden sprechen, weil mich dieser Art Gespräche ebenso langweilen wie zuvor die banalen Fragen aus der Schülerschaft. Statt mich zügig zu verabschieden, versuchte ich, eine Bemerkung über seine baldige Pensionierung zu machen, und realisierte zu spät, dass diese nicht so bald sein könnte, denn er war 1985 einer der jüngeren Lehrer. Geschmeidig und dennoch auffällig suchte ich eine verbale Abzweigung. Danach gab es diesen kurzen und gleichzeitig doch etwas zu langen Moment der Stille und eine unbeholfene Verabschiedung mit Ausblick auf den November im kommenden Jahr. Auf dem Rückweg fragte ich mich: „Warum hab' ich ihm nicht eine Frage gestellt?" Es hätte ja noch nicht einmal eine intelligente Frage sein müssen. Die ebenso nahe-liegende wie direkte Frage „Wie alt bist Du eigentlich?" hätte vollkommen gereicht. Während ich dies nieder-schreibe, realisiere ich, warum ich ihn damals nicht nach seinem Alter gefragt habe. Manche Fragen stelle ich nicht, weil ich die Antwort irgendwie schon ahne und verhindern will, dass es zu einer peinlichen Situation kommt. Christian ist ein Mann, der im Geiste sehr jung geblieben ist. Das finde ich sehr attraktiv. Sein Aussehen hingegen entspricht ungefähr seinem Alter. Ich hätte ihm also dasselbe Kompliment nicht zurückgeben können.

Auf dem Rückweg sinnierte ich, warum mir das immer mal wieder „passiert", nämlich dass manch älter werdender Mann über sein Alter und vor allem sein Problem mit dem Älterwerden auf indirekte, zuweilen plumpe Weise zu sprechen kommt. Als Psychologin hätte ich jede Menge kluger Fragen zur Verfügung, als Privatperson keine einzige. Ich muss mich korrigieren, denn natürlich habe ich Fragen. Doch das sind jede Menge Fragen, die ich nicht stellen mag, weil ich Menschen nicht beschämen möchte, und so kommt es zu diesen peinlichen Pausen. Erst heute kann ich mir vorstellen, wie sehr sich manch ein Mann nach einem Kompliment von mir gesehnt hätte. Es kommt ja nicht nur auf das Kompliment als solches an, sondern vor allem auch darauf, wer es wem in welcher Situation macht. Ich finde Männer unabhängig von ihrem Alter attraktiv, wenn sie mit sich selbst im Reinen sind. Aber vor allem mag ich Menschen gleich welchen Geschlechts, denen ins Gesicht geschrieben steht, dass sie sich in den Jahren, die ihnen Fragen stellten, auf den Weg gemacht haben, um Antworten für sich zu finden. Menschen, die sich in der Kunst üben, sich und dem Leben Fragen zu stellen, sehen unabhängig vom Alter gleichermaßen jung *und* reif aus.

Was ich nicht im Psychologiestudium lernte

„100 Dinge, die ich im Architekturstudium lernte"
Verfasser unbekannt

Diesen Titel las ich auf einem Stapel deutschsprachiger Bücher im Museumsshop der Tate Gallery in London. Das Buch war ästhetisch gestaltet in einem unkonventionellen Format und hatte exakt 200 Seiten: auf der rechten Seite stand jeweils eines der Dinge, die der Autor im Studium lernte, auf der linke Seite veranschaulichte er dieses Ding in grafischer Form. Der Titel sprach mich unmittelbar an, also kaufte ich das Buch, fotografierte den Einband und verschenkte es an meinen Architekten-Bruder, mit dem ich die Tate Gallery zuvor besucht hatte. Ich erinnere mich noch an die holzvertäfelten Räume sowie an eine Ausstellung mit Werken von Joseph Beuys. Doch vor allem erinnere ich mich, dass ich beim Anblick dieses Titels auf die Idee kam, irgendwann einmal ein Buch mit einem abgewandelten Titel schreiben zu wollen: *„100 Dinge, die ich im Psychologiestudium nicht lernte".*
Jedoch, 100 Dinge aufzuzählen, die ich nicht im Studium lernte, fühlte sich viel zu sehr nach Fleißarbeit an. Ich arbeite gern und viel, solange ich es freiwillig tun kann. Kann ich das

nicht mehr, wird mein Geist schläfrig. Ich fragte mich, was mir die Lust nahm, und mir wurde bewusst, dass mich die Zahl 100 ermüdete. Also strich ich sie von meiner imaginären Liste, und die Schreiblust kehrte wie von selbst zurück. Soweit kenne ich mich inzwischen: sobald eine Aufgabe oder das Erreichen eines Zieles bei mir mit Druck oder Unlust verknüpft ist, halte ich inne und frage mich, was in mir diesen unangenehmen Zustand auslöst. Früher hätte ich den Druck oder die Unlust in mir ignoriert und wäre gegen mich selbst angegangen.

Das Resultat war zwar, dass die Aufgabe rechtzeitig fertig wurde, doch es blieb auch eine „mit den Nerven fertige", also erschöpfte Doris zurück, die sich nicht einmal mehr über das Ergebnis freuen konnte. Nach ungefähr 100 Erfahrungen dieser Art war eine Musterveränderung meines Verhaltens fällig. Dazu begab ich mich mit einer einfachen Frage in die Selbsterforschung: *warum passiert mir das immer wieder?* Die Antwort stellte sich zügig ein und war von ebenso von einer Einfachheit, die mich staunen ließ: wann immer ich zu Beginn eines Projektes ein „Grummeln" wahr-, aber nicht ernstnahm, tauchte im weiteren Verlauf ein deutlicher innerer Druck oder Unlust auf.

Ich lernte also über mich selbst, dass meine Motivation zu Beginn eines Projektes auf meiner imaginären inneren Skala um die 100 rangieren muss, damit diese Motivationskraft mich auch durch Dürre- oder Druckphasen eines Projektes trägt. Dieses Wissen hätte ich mir schon zwei Jahrzehnte zuvor in einer Vorlesung über Motivationspsychologie aneignen können. Doch ich habe dies nicht im Psychologiestudium gelernt, weil ich entweder nicht genau zugehört habe oder noch nicht von der Theorie auf die Praxis, also mein Leben schließen konnte. Mir fehlte das, was ich Transferkompetenz nenne. Transferkompetenz bezieht sich nicht auf das, *was* ich lerne, sondern darauf, *wie* ich das Wissen auf eine Situation oder auf mich selbst übertrage, also anwende. Erst wenn ich diese Übertragungsarbeit leisten kann, kann ich sagen, was ich über mich oder das Leben gelernt habe. Sonst bleibt es eben nur gelerntes, aber nicht verstandenes Wissen. Ich war sehr gut im Auswendiglernen. Für meine Prüfungen war das nützlich. Erst später verstand ich, warum ich mich über ein sehr gutes Prüfungsergebnis nie so freuen konnte wie über eine selbstgewonnene Erkenntnis. Eine Benotung gibt mir eine Bestätigung, dass ich gut gelernt habe, und verschafft mir eine Zugangsvoraussetzung für meinen weiteren institutionellen Weg. Meine selbst erarbeiteten Erkenntnisse hingegen schenken mir Glückshormone und bleiben mir lebenslang erhalten.

Ein weiteres Prinzip habe ich ebenfalls nicht im Psychologiestudium gelernt, und zwar die Erkenntnis über mich, *wie* ich lerne. „Ich lerne, indem ich mich schreibend verstehe". Diesen Satz hörte ich Hannah Arendt in ihrem legendären Gespräch mit Günter Gaus sagen. Ich erinnere mich genau an diesen Moment im Interview, etwas in meinem Geist hatte „pling" gemacht, und ich notierte mir diesen Satz auf einem der Zettel, die für genau diese Momente immer auf meinem Schreibtisch parat liegen.

Das Aufschreiben für mich bedeutender Aussagen auf Zetteln habe ich im Psychologiestudium ebenfalls nicht gelernt. Ich habe es mir bei Niklas Luhmann, dem Systemtheoretiker und Soziologen, abgeschaut, der seinen inzwischen berühmt gewordenen Zettelkasten als sein Zweitgedächtnis ansah. Indem ich Aussagen festhalte, die in mir dieses „pling" auslösen, bleiben sie mir erhalten, und wenn ich sie zu einem späteren Zeitpunkt lese, erinnere ich mich an den Moment, an dem ich sie aufschrieb. Diese Erinnerungen sind mir wie eine Eintrittstür zum Thema. Zusätzlich verschaffen sie mir gute Gefühle, denn ich fühle mich mit den Autoren dieser Sätze verbunden, auch wenn ich sie nicht persönlich kennenlernen konnte.

Was lernte ich noch im Psychologiestudium nicht? Ich lernte nicht, wie ich auf Ideen komme. Oder wäre es korrekter zu sagen, die Ideen kommen zu mir? Ich bin ja nicht durch den Museumsshop geschlendert mit dem Wunsch, auf eine Idee zu kommen. Ich schlenderte da herum, weil es ein angenehmer Ort war, und ließ meine Blicke umherschweifen. Ich sah das Buch dort liegen, sein Titel hatte mich angesprochen, und unmittelbar entstand in meinem Kopf die Idee eines Buches der „100 Dinge, die ich im Psychologiestudium nicht lernte". Um mich an diese Idee zu erinnern, habe ich das Buch gekauft. Der Ort des Geschehens wird für mich immer mit der Geburtsstunde dieser Idee verknüpft bleiben. Selbst jetzt, 15 Jahre später, während ich diesen Text schreibe, bin ich in meinem Geist in der Tate Gallery. In der Fachsprache würde ich sagen: kein Text ohne Kontext. Was bedeutet das? Erst der Kontext verschafft mir die konkreten Erinnerungsbilder, und diese sind ausschließlich sinnlich. Ich sehe mich noch vor dem Büchertisch zu dem Buch greifen. Eine Erinnerung ist niemals abstrakt. Wissen hingegen ist abstrakt. Damit sind wir direkt beim Thema, und darum ist die Überschrift auch als Ermutigung gemeint. Viele meiner Klienten, Kundinnen und

Kursteilnehmer vermuten, dass ich all das, was ich ihnen vermittle, aus meinem Psychologiestudium gewonnen habe. Wobei das Wort „gewonnen" einen anderen Vorgang bebildert als den, um den es geht. Ich gewinne bei einer Lotterie, ich gewinne bei einem Sportwettbewerb oder bei einem Spiel. Mein Wissen gewinne ich nicht. Das erarbeite ich mir. Aber ich lasse das Wort dennoch so stehen, es klingt so schön und beschreibt ja auch einen inneren Gewinn.

Die Dinge, die ich im Psychologiestudium und zuvor auch in der Schule gelernt habe, bezeichne ich als mein Wissen über verschiedene Themen und Fachgebiete. Erst später lernte ich zu den Unterschied zwischen Wissen und Meinungen kennen. Besonders meine Erdkundelehrerin ist mir da in prägender Erinnerung. Ich habe nie erfahren, was in ihrem Leben vorgefallen war, aber ab und zu ließ sie durchblicken, dass sie sich freuen würde, wenn die „Rache des kleinen Mannes" käme. Ich war elf Jahre alt, und ich habe nicht verstanden, was sie meinte, wer oder was der „kleine Mann" sei und woran er sich rächen könnte.

Bei mir angekommen und hängengeblieben ist etwas anderes: ihr Gesichtsausdruck und die Art, wie sie es sagte, also der emotionale Subtext, der sich mir vermittelte, und dieser erzeugte in mir Unbehagen, weswegen ich auch ihrem Unterricht nicht mehr so richtig folgen konnte, da sie mir etwas unheimlich war in ihren unvorhersehbaren verbalen Ausbrüchen. Heute vermute ich: es hatte irgendetwas mit der Sowjetunion zu tun. Was genau sie mit diesem Land verband, blieb im Unklaren. Es müssen aber grauenhafte Erlebnisse gewesen sein, die unerlöst in ihr verborgen waren. Nicht die grauenhaften Erlebnisse sind es, die zu Ausbrüchen dieser Art führten, es waren die abgespaltenen und damit unerlösten Gefühle, die das Grauen konservieren und einem Menschen eine unangenehme Ausstrahlung verleihen, die andere Menschen wahrnehmen, ohne sie sich erklären zu können.

Auch das habe ich nicht im Psychologiestudium, sondern erst sehr viel später gelernt, nämlich in einer Weiterbildung zur Traumatherapie. Was ich aber schon immer wahr-genommen habe und was sich mir über mein Gespür vermittelte, war, welche Lehrer mit Begeisterung an Inhalten etwas vermitteln wollten und welche Lehrer zwar Begeisterung für ein Thema, aber keine Leidenschaft in sich trugen, uns Schülern diese Begeisterung zu vermitteln, und welche Lehrer sich schließlich durch Unbewältigtes in ihrer eigenen Lebensgeschichte ihren Schülern gegenüber aggressiv, herabsetzend, gewaltvoll und entwertend verhielten. Ich schweife ab, obwohl ich eigentlich im Herzen des Themas bin. Es geht darum, mir bewusst zu machen, <u>ob</u> ich lerne, <u>was</u> ich lerne und <u>wie</u> ich lerne. Im Studium habe ich viele Inhalte des Fachgebietes Psychologie gelernt. Ich habe mir Fachwissen angeeignet. Ein Bereich der Psychologie, die Kognitionswissenschaft, befasst sich mit dem Lernen. In diesem Fach habe ich gelernt, wie das Gehirn strukturiert ist und was im Gehirn beim Lernen „geschieht". Ich lernte auch, dass jeder Mensch auf seine individuelle Weise lernt, und wie man erkennt, *wer* auf *welche Weise* lernt.

Was ich nicht im Psychologiestudium lernte war, dass vor jedem Lernprozess immer eine Frage steht. Erst diese Frage öffnet im Gehirn, bildlich gesprochen, die Tür zum Lernen oder lässt, neurowissenschaftlich gesprochen, die Neuronen sich neu miteinander vernetzen. Lernen heißt nicht, sich Wissen anzueignen. Lernen ist kein Vorgang, in dem ich mich mit Wissensstoff fülle. Lernen heißt, etwas zu verstehen. Beim Aneignen von Wissen „fülle" ich mein Gehirn mit Inhalten, in der Pädagogik werden diese Inhalte zuweilen als Lernstoff bezeichnet. Beim Lernen durchlaufe ich hingegen einen Prozess des Verstehens. Dazu benötige ich Fragen, mit denen sich mein Verstand auf die Reise begibt. Das Wertvolle beim Lernen ist nicht nur dessen Ergebnis, sondern der Prozess: Fragen helfen meinem Verstand, sich zu fokussieren. Eine Frage, mit der ich mich auf den Prozess des Verstehens begebe, füttert mich mit Interesse, Begeisterung oder Faszination an. Ein anderer Begriff dafür ist Motivation. Leonardo da Vinci notierte in seine Notizbücher Fragen, und mit diesen begab er sich auf die Erforschung, um Antworten zu finden. Er hat Fragen formuliert, die zwar naheliegen, die sich aber selten jemand fragt: z. B. warum ist der Himmel blau? Er hat uns damit gezeigt, dass wir alle das sein können, was man ihm zuspricht: ein Genie zu sein.

Kinder sind in diesem Sinne allesamt Genies, solange sie uns Fragen stellen zu Gegebenheiten, die uns selbstverständlich erscheinen. Der aus den USA stammende Richard Feynman, Physiker und Nobelpreisträger, hat sich in seiner Autobiografie „Sie belieben wohl zu scherzen, Mr. Feynman" bei seinem Vater bedankt, weil dieser all die Fragen, die er als Junge an ihn gerichtet hatte, nicht beantwortete. Stattdessen vermittelte er ihm die Kunst der Beobachtung. Der Vater war meisterhaft darin, mittels seiner Rückfragen seinen Sohn zum Beobachten anzuregen. Auf diese Weise lernte der kleine Richard, wie er durch waches Beobachten eigenständig Antworten finden konnte. Dazu brauchte er kluge Fragen. Die schenkte sein Vater ihm, und dadurch lernte Richard, dass bestimmte

Fragen die Beobachtung und die Aufmerksamkeit auf etwas lenken, was dann das Denken anregt und zu einem Verstehen führt, welches den Lernprozess selbst zu einem Vergnügen werden lässt. Mich brachte eine Frage ins Psychologiestudium, die schlichte und allgemeine Frage: Wie „funktioniert" der Mensch? Da mein Notendurchschnitt im Abitur für die Zugangshürde zum Studium reichte, brachte ich die formalen Voraussetzungen für das Studium der Psychologie mit. Damals wusste ich aber noch nicht, dass ich etwas viel Wesentlicheres mitbrachte, was in keinem Abiturzeugnis als Lernfach benotet wird: die Fähigkeit zu lernen. Die Fähigkeit zu lernen setzt eine andere Fähigkeit voraus: die Fähigkeit zu denken. Und die Fähigkeit zu denken setzt eine Einstellung voraus: Neugier. Sie ist die Motivation für den Wunsch, etwas verstehen zu wollen.

Was ich ebenfalls im Psychologiestudium nicht gelernt habe, war, mich in meinem Denken zu schulen. Das habe ich mir selbst beigebracht, und zwar auf eine Weise, die ich später in den Schriften von und über Hannah Arendt fand. Die gründliche Erforschung, um etwas zu verstehen, nannte sie „Denken ohne Geländer". Auch ich will verstehen. Dieses Motiv bereitet mir während des Denkens ein Vergnügen und mit der Erkenntnis eine Befriedigung in sich selbst. Obwohl Hannah Arendt keine Psychologin war, empfiehlt sie etwas psychologisch sehr Sinnvolles, nämlich, die eigene Geschichte zu reflektieren. Sie leiht sich dabei eine wunderschöne Metapher von Walter Benjamin: das Perlentauchen. Zum Zweiten empfiehlt sie das Lesen von Klassikern. Klassiker zeichnen sich aus ihrer Sicht dadurch aus, dass sie Geschichten erzählen, die menschliche Grunderfahrungen thematisieren, ohne Antworten liefern zu wollen. Gute Schriftsteller sind zudem in der Lage, nicht nur interessante Geschehnisse zu beschreiben, sondern uns Lesern vor allem das Innenleben differenziert und nachvollziehbar nahezubringen. Unser Innenleben, diese für viele so unentdeckte Landschaft, war selten Gegenstand meines universitären Studiums.

Es gab wenige Dozenten und Professorinnen, die Seminare anboten mit dem Titel „Selbsterfahrung". Doch ich war noch gar nicht reif und darum viel zu unsicher für diese Art der Selbsterforschung. Dennoch weckten sie meine Neugier, außerhalb des Psychologiestudiums weiterzumachen mit dieser Art des Lernens und Forschens. Wie jede Wissenschaft, so strebe auch ich Erkenntnisgewinn an. Ich verwende dabei Methoden, dessen Namen ich im Grundstudium in Statistik zum ersten Mal gehört habe: *Empirie*. Verstanden habe ich erst sehr viel später, was es bedeutet, empirisch zu forschen. Wörter, die zu meinem Wortschatz gehören, die mir dennoch fremd bleiben, muss ich mir vertraut machen, indem ich sie anderen erkläre oder selbst anwende. Das habe ich mit dem Wort *Empirie* getan: es kommt aus dem Griechischen und bedeutet in verkürzter Form „Erfahrungswissen". Ich bin also eine Empirikerin, denn ich werte meine Erfahrungen aus. Ein Beispiel dafür habe ich am Anfang des Essays geliefert. Meine Art der Selbsterforschung strebt Erkenntnisgewinn an. Meine Erkenntnisse über mich selbst stehen mir immer zur Verfügung, ich brauche sie nicht auswendig zu lernen. Erst als mir das bewusst wurde, fühlte ich mich als Expertin auf psychologischem Gebiet. Da mein Leben mir unzählige Gelegenheiten zur Selbsterforschung bescherte, erforsche ich meine Lebenssituationen empirisch. Dass Selbsterforschung eine Wissenschaft ist, lernte ich im Psychologiestudium, *wie* ich sie praktiziere, lernte ich dort nicht. Das lag wohl mehr an mir als an den Angeboten des Studiums. So wird deutlich, dass das Lernen nicht nur etwas mit den Lehrenden, sondern auch mit den Lernenden zu tun hat. Als mich eine besonders begabte Teilnehmerin während ihrer Coachingausbildung fragte, wie ich das „mache", diese Selbsterforschung, begann ich, mich in meiner Methodik zu erforschen. Die Antwort fand ich zügig, und sie erschien mir recht trivial, doch die Anwendung dieser Antwort ist es nicht: Ich erforsche mich, indem ich mich nach dem *Warum* frage. Die Frage nach dem *Warum* bringt mich nach gründlicher Erforschung immer auf die zugrundeliegende, bislang unbewusste Spur meines Verhaltens. Ich erforsche also mein Unbewusstes und werde dort immer fündig. Es liefert mir immer schlüssige Begründungen. Diese Erkenntnisse brachten mich dazu, das Unbewusste als logische innere Instanz in mir anzuerkennen.

Allmählich erfasste ich den Unterschied zwischen lernen und verstehen. Verstehen kann ich nur durch mein eigenes Denken. Dieses Denken musste geschult werden, aber diese Schulung habe ich im Psychologiestudium nur teilweise erfahren. Häufig saß ich in Vorlesungen und fühlte mich gelangweilt. Viele Lehrende vermittelten ihr Wissen häufig auf abstrakte und für mich unverständliche Weise. Nicht selten ließen mich die Vorlesungen überfordert zurück. Besonders eine Vorlesungsreihe über Sigmund Freud, den Urvater der Psychologie, blockierte mir lange mein Gehirn und ließen mich falsche Rückschlüsse daraus schließen:

wenn ich Sigmund Freuds bahnbrechende Erkenntnisse nicht verstehe, bin ich wohl im falschen Fach gelandet oder nicht intelligent genug. So dachte ich manches Mal über mich selbst. Selbst das Ergebnis eines offiziellen Intelligenztests, an dem ich als 17jährige teilnahm und der mir einen Wert bescheinigte, mit dem ich Zutritt zum Mensa Club bekäme, war mir nicht behilflich für die Korrektur meines falschen Selbstbildes. Erst im fünften Semester, also über zwei Jahre später, erfuhr ich, dass ich falsch über mich selbst gedacht hatte.

Nach dem Vordiplom suchte ich nach einem Fach, das ich als Hauptfach wählen wollte. Ein Glücksfall für mich war, dass Professor Friedemann Schulz von Thun seine von ihm selbst entwickelte Kommunikationspsychologie in Hamburg lehrte. Ich erinnere mich noch an die abendliche Vorlesung, in der ich ihn das erste Mal hörte und sah. Trotz der Uhrzeit und war ich hellwach und fuhr nach 90 Minuten Vorlesungszeit beschwingt und inspiriert nach Hause. Von Friedo, wie wir Studenten des Schwerpunktes *Pädagogische Psychologie* ihn nannten, habe ich die Kunst gelernt, nicht nur über einen Stoff zu dozieren, sondern mich als Person dabei selbst mit einzubringen. Von ihm habe ich erfahren, dass ein Lehrstoff nicht von einer Person zur anderen übermittelt wird, sondern dass zwei Menschen in Beziehung zueinander sich über und zu einem Stoff austauschen und dass die Qualität dieser Beziehung sich in der Qualität des Austausches über den Stoff zeigt.

So erfuhr ich zum ersten Mal, dass Lernen nicht bedeutet, etwas in sich aufzunehmen, sondern etwas zu verstehen. Der Prozess des Verstehens in einem Hochschulseminar ist kein individueller, sondern ein interaktiver. Verstanden habe ich dieses Prinzip durch ihn und durch meine Erfahrungen in seinen Seminaren. Endlich fühlte und wusste ich, dass ich im für mich „richtigen" Studium gelandet war. Bestärkt durch diese Erfahrung ging ich durch mein weite-res Studium und entdeckte weitere Professoren, durch deren Persönlichkeit ich erkannte, wie gerne ich lerne. In mir entwickelte sich ein untrügliches Gefühl dafür, wann ich gerne lerne, nämlich immer dann, wenn ich mich dabei lebendig fühle. Lebendig fühle ich mich automatisch, wenn mich etwas fasziniert. Das habe ich herausfinden können, weil ich auf ein paar Lehrende traf, die mit Begeisterung unterrichteten. Selbst wenn ich mich nicht für deren Fachgebiet interessierte, behielt ich die Begeisterung dieser Lehrenden in Erinnerung. Sogar eine Vorlesung zur Differentialpsychologie am Donnerstagmorgen um 8 Uhr besuchte ich darum gerne.

Ein Seminar zu qualitativen Forschungsmethoden bei meinem Professor für klinische Psychologie bleibt mir immer in Erinnerung. Bei hochsommerlichen Temperaturen in einem überfüllten Raum ohne Fenster und ohne Klimatisierung. erzählte Inghard Langer so begeistert Geschichten über sich und seine Forschungsbiografie, dass mich das damals hoffen ließ, auch einmal ein Forschungsgebiet zu finden, das mich so faszinieren würde. Faszination lässt sich nicht künstlich erzeugen. Sie sprudelt als Quelle der Begeisterung automatisch in uns. Ich liebe es, Menschen zuzuhören, wenn sie auf eine Weise von ihrer Arbeit erzählen, die mich spüren lässt, wie sehr sie in ihrem Beruf aufgehen und sich ihrer Arbeit hingeben.

Jahre später zeigten mir die Reaktionen und Resonanzen mancher Menschen, dass ich mein Forschungsgebiet schon lange gefunden hatte, ohne es selbst zu erkennen. Als ich mich traute, mich mit den Ergebnissen meiner Selbsterforschung zu zeigen, hörten sie mir genauso intensiv zu, wie ich es damals als Studentin tat. Lange hatte ich meine Leidenschaft an der Selbsterforschung versteckt. Erst als ich realisierte, dass ich Selbsterforschung auch im wissenschaftlichen Sinne betreiben kann, die jeder Mensch lernen kann, und dass sie gleichzeitig eine Kunst ist, also eine individuelle „Handschrift" haben darf und haben muss, analysierte ich meine Systematik, meine Psyche zu studieren. Diese Wissenschaft kann prinzipiell jeder Mensch lernen, und zwar durch Selbststudium, denn die Forschungsmethode ist übertragbar. Das Einzige nicht Übertragbare ist, die richtige Frage zu finden, die es aber unbedingt braucht, um sich auf die Forschungsreise zu begeben.

Kürzlich erzählte mir eine Kollegin, wie getroffen sie von der Aussage einer Teilnehmerin war, die einen Weiterbildungstag bei ihr als „verschenkte Lebenszeit" bewertete, weil sie nichts gelernt habe. „Wie schade für die Teilnehmerin" sagte ich zu meiner Kollegin, „sie hat einen Tag ihres Lebens verloren, und zwar nicht, weil sie an Deiner Weiterbildung teilgenommen hat, sondern weil sie nicht in der Lage war, aus all dem, was Du angeboten hast, etwas zu lernen. Ich habe viele Jahre meines Lebens als Studentin der Psychologie an der Universität Hamburg verbracht.

Ich habe vieles im Psychologiestudium nicht gelernt, doch all das, was ich nicht gelernt habe, konnte ich nur erkennen, weil ich sieben Jahre Lebenszeit an der Uni verbracht habe. Als ich begann, meine Erlebnisse im Psychologiestudium anhand meiner Frage auszuwerten, erkannte ich, *was* ich alles gelernt habe, und war nicht nur bestätigt von etwas, das ich schon wusste, sondern war vor allem berührt: denn alles, was ich gelernt habe, habe ich von inspirierenden Menschen dort gelernt. Selbst in den Vorlesungen, die mich langweilten, habe ich etwas Wichtiges über mich gelernt, das in keinem Vorlesungsverzeichnis steht.

In diesen für mich uninteressanten Vorlesungen lernte ich kein Fachwissen. Erst, als ich selbst Ausbilderin war, erkannte ich ein Prinzip der Selbsterkenntnis: Wer ohne Fragen durchs Leben geht, lernt nirgendwo etwas. Wer nirgendwo etwas lernt, verschenkt seine Lebenszeit. Wer mit einer Frage durchs Leben geht, braucht keine Hochschule, denn mit dieser Frage ist das Leben selbst die Universität.

2.

Von der Kunst,
sich und das Leben zu beobachten

Frau Doris

So nennt mich die Gastwirtin des Ortes, in dem ich mich für zwei Wochen zum Schreiben eingemietet habe. Ich mag es, wie sie, wenn ich sie um etwas bitte, meinen Wunsch in die Küche ruft: „Frau Doris mag einen Apfel". So wurde ich noch nie genannt. Ich mochte auf Anhieb beide, die Anrede für mich und die Wirtin, die mich so anredet. Warum ich sie mag, wird mir bewusst, als ich nach vier Tagen Aufenthalts einen Stau im Darm zur Kenntnis nehmen muss, mich über die Theke beuge, ihr flüsternd von meiner Situation erzähle und sie nach einer Apotheke frage.

„Ich sag meinem Sohn Bescheid", sagt sie, wird sofort aktiv und ruft in die Küche, den Ort, an dem Köstliches für die Nahrungsaufnahme bereitet wird: „Frau Doris braucht ein Abführmittel." Ich zucke kurz zusammen, denn nun weiß nicht nur ihr Sohn, sondern das gesamte Küchenpersonal um den gestockten Prozess in meinem Körper. Ihr Sohn wird auch sofort aktiv, wendet sich mir zu und verspricht mir, nachmittags das Gewünschte zu besorgen, das ich ja nicht nur wünsche, sondern dringend brauche. Er führt auch den landwirtschaftlichen Teil des Betriebes, hat also ein natürliches Verhältnis zu jeder Art körperlicher Vorgänge. „Das Leben kann so einfach und einfach so wunderbar sein", finde ich und freue mich über meine erst jüngst entwickelten Fähigkeiten, um Hilfe zu fragen. Die Gastwirtin heißt Michaela, und sie ist eine Frau, die sehr gern von sich erzählt und ebenso gern Fragen stellt. Erneut ruft sie quer durch den Frühstücksraum: „Kommst Du gut voran?" Diesmal meint sie mein Schreiben. Ich hatte bei der Buchung angekündigt, hier schreiben zu wollen, weil ich an einem autofreien und abgeschiedenen Ort in der Natur mit Blick auf hohe Berge am besten kreativ sein kann. „Ja, sehr gut" antworte ich, und dabei wird mir die Gleichzeitigkeit und die Gegensätzlichkeit dieser beiden Vorgänge bewusst.

Seit vier Tagen bin ich hier, und der Schreibfluss hat sich sofort eingestellt. Meine Inspirationen, die ich in den Wochen zuvor in meinem Lieblingstal in mich aufgenommen hatte, formen sich nicht nur zu konkreten Ideen, sondern sogar zu Formulierungen. Nach und nach entstehen Texte wie von selbst. Manchmal stockt der Prozess, dann stehe ich auf, trinke einen Espresso oder Tee, esse einen Apfel oder einen Apfelstrudel, ruhe mich aus und höre Musik oder gehe wandern. Um den Schreibprozess wieder ins Fließen zu bringen, benötige ich Abwechslung. Die gibt mir zwar keine Garantie, aber all das, was ich dann jeweils tue oder zu mir nehme, bereitet mir Vergnügen und Genuss.

Schreiben ist ein kreativer Vorgang, der sich nicht direkt oder vorsätzlich hervorbringen lässt. Er unterliegt der „Sei-spontan-Paradoxie", die Paul Watzlawick schon vor fünfzig Jahren so erkannt und benannt hat. Ende des letzten Jahrtausends konnten Gehirnforscher anhand bildgebender Verfahren erklären und erläutern, warum einige Vorgänge in uns sich unserem unmittelbaren Einfluss entziehen. Es ist nicht möglich, absichtsvoll, also auf Anhieb lustig, kreativ oder spontan zu sein. Obwohl die meisten Menschen wissen, dass nur durch das Zusammenspiel der verschiedenen Bereiche in unserem Gehirn diese komplexen Vorgänge in uns gelingen, leben die wenigsten Menschen danach. Um danach zu leben, muss ich um die Bedingungen wissen, unter denen dieses Zusammenspiel möglich wird. Dann kann ich zwar für die jeweiligen Bedingungen sorgen, es bleibt jedoch ein Vorgang, der sich meinem direkten Einfluss entzieht.

Ähnlich verhält es sich mit körperlichen Vorgängen, die in einem komplexen Zusammenwirken und mithilfe unseres vegetativen Nervensystems reguliert werden. Es ist nicht möglich, auf Anhieb entspannt oder erregt zu sein oder eben abzuführen. Und manchmal ist es auch genau andersherum: körperliche Vorgänge lassen sich nicht bremsen, und wir erleben diesen mangelnden Einfluss als Kontrollverlust. Der Sänger der Band *Hiss golden messenger* bringt es im Refrain des Songs *Call Him Daylight* humorvoll und deutlich auf den Punkt: „I gonna loose control…when the shit comes in, when the shit comes in, when the shit comes in". Wenn sich solche Vorgänge ankündigen, im Refrain werden sie sogar dreimal besungen, geschieht das urplötzlich, also nicht kontrollierbar. Dennoch sind wir uns selbst diesbezüglich nicht völlig ausgeliefert, da wir über ein Bewusstsein verfügen, das uns in die Lage versetzt, uns selbst zu beobachten, eine förderliche Haltung einzunehmen und für eine entsprechende äußere Situation zu sorgen, in der diese Vorgänge möglich werden. Doch auch mit der entsprechenden inneren Einstellung und dem passenden äußeren Rahmen kann der gewünschte vegetative Vorgang, also beispielsweise das Einschlafen, die

Darmentleerung oder die sexuelle Erregung ausbleiben. Das ist häufig der Grund, warum Menschen zu Substanzen greifen, die diese Vorgänge in Schwung bringen oder möglich machen. Der schnelle oder kurzfristige Erfolg dieser Substanzen führt dann häufig dazu, ein weiteres Mal zu ihnen zu greifen. Ein dauerhaft eingesetzter Stoff initiiert und stabilisiert neue Kreisläufe mit der Folge, dass das System fortan diese Substanz regelmäßig benötigt. Doch das, was zunächst als Lösung für ein Problem funktionierte, kann durch seine Fortsetzung zu einem neuen Problem werden. Der andere, anstrengendere Weg beinhaltet herauszufinden, worin genau diese innere Blockade besteht. Manchmal ist der gestörte Prozess Ausdruck einer destruktiven, weil druckvollen inneren Einstellung. Mit einem forschenden Blick darauf, wie und warum diese entstanden ist, und mit Kreativität lassen sich festgefahrene Prozess wieder in Bewegung bringen, denn die innere Einstellung ist die Dimension in uns, die wir selbst wandeln, also ändern können. Zuversicht, Gelassenheit, Mut und Offenheit sind keine statischen Größen, wir können sie prinzipiell in uns vermehren. Sie zu ändern, ist in der Theorie leicht, in der Praxis indessen nicht, und schon gar nicht kurzfristig. Dennoch ist es ein lohnenswerter Weg, weil sich das Leben damit lebendiger anfühlt.

Die Kunst der Selbsterkenntnis beinhaltet nicht nur, mich selbst kennenzulernen, sondern auch zu lernen, *wie* ich mich sich selbst kennenlerne. Lernen in Bezug auf die eigene innere Welt folgt völlig anderen Prinzipien als Lernen über die äußere Welt. Der deutlichste Unterschied liegt in der Ausrichtung der Wahrnehmung. Manche Menschen finden es spannend, ihre Wahrnehmung mit forschendem Blick nach innen zu wenden, manche Forscher finden es spannend, die äußere Welt zu erkunden. Mittlerweile weiß ich auch, warum mir die Benennung *Frau Doris* so gut gefällt: Sie verhilft mir dazu, mich mit anderen Augen zu betrachten. Schaue ich als *Frau Doris* auf mich, blicke ich mit einem imaginierten Abstand auf mich selbst. Mit diesem mich selbst beobachtenden Blick kann ich mich kennenlernen. Diese *Beobachterin* in mir ist auch die Lehrerin in mir. Sie zeigt mir, was mit mir los ist, sie lässt mich erkennen, welche Gaben und Fähigkeiten in mir bereits vorhanden sind und welche Potenziale noch in mir schlummern.

Die Fähigkeit, sich selbst beobachten zu können, ist prinzipiell in allen Menschen angelegt. Bei manchen Menschen musste sie aufgrund schmerzlicher oder traumatischer Erfahrungen so in den Hintergrund rücken, dass sie erst wieder richtig aktiv werden kann, wenn der ursprüngliche Schmerz oder das Trauma geheilt ist. Bei manchen Menschen ist die innere Beobachterin nur wenig ausgebildet, weil sie gar nicht so sehr gebraucht wird. Wenn das Leben als glücklich erfahren wird, braucht es lediglich die bewusste Wahrnehmung, dass es so ist. Glück bedeutet nicht, Glück zu *haben*, sondern glücklich zu *sein*. Menschen, die vollkommen im Einklang mit sich selbst leben, bezeichnen sich als glücklich. Die meisten Menschen sind nicht im vollkommenen Einklang mit sich selbst. Es gibt viele Wege dahin, und einer führt über die Bewusstheit.

Menschen können Meisterschaft in allen Bereichen ihres Seins erreichen, also auch in der Ausübung ihres Bewusstseins. Meisterschaft setzt sowohl Begabung als auch andauernde Übung voraus. Ich habe Jahrzehnte für die Erkenntnis gebraucht, dass ich über diese Gabe verfüge. Mein Bewusstsein war in mir immer aktiv, allerdings ohne Ausrichtung und darum ohne Richtung. Erst seitdem es nicht mehr nur diffus in mir vorhanden ist, sondern ich es bezeichnet habe und wertschätze, bereitet mir die Entfaltung dieser meiner Gabe Freude. Und dank Michaela, der Gastwirtin, wir duzen uns mittlerweile, hat das, was ich vorher als mein Bewusstsein erkannt habe, auch noch einen neuen Namen bekommen: *Frau Doris*. Ich mag gern so genannt werden, weil diese Anrede einer meiner Wesensarten, meinem Humor, Freude bereitet. *Frau Doris* verwende ich seitdem als Synonym für die Beobachterin in mir. Es geht mir gut, weil ich über mein Bewusstsein den Einflussbereich in meinem Leben erhöhen kann. Selbst wenn die äußeren Lebensumstände misslich und einengend sind, kann ich mich mithilfe meines Bewusstseins innerlich befreien.

Mit meinem Beobachterblick kann ich mich selbst erkennen, auch indem ich zurückblicke: ich bin in einem Elternhaus aufgewachsen, in dem der Vater als Forscher in die Tiefen der physikalischen Phänomene eintauchte und die Mutter von einer Sehnsucht zur übersinnlichen Welt tief durchdrungen ist. Ich erkenne, dass ich den Forscher-blick mit dem analytischen Scharfsinn meines Vaters und die feinen Sinne meiner Mutter von ihr in die Wiege gelegt bekommen habe. Obwohl beides schon immer wir vorhanden war, brauchte es fünf Jahrzehnte, diese beiden Gaben in mir zu erkennen. Als ich diese Gaben in mir erkannte, erfasste ich auch, dass mich diese glücklich machen. Erst mit dieser Erkenntnis konnte ich Rückmeldungen über meine Wirkung besser einordnen: Kürzlich sagte jemand zu mir: „Du kannst aber auch streng aussehen." Wenn ich so aussehe, bin ich nicht streng, sondern konzentriert. Wenn ich denke, fokussiere ich mich auf das Denken und achte nicht auf meinen Gesichtsausdruck. Kürzlich war ich in einem Tanzworkshop, bei dem wir Teilnehmer uns darin übten, uns beim Tanzen hinzugeben. Da der Raum sehr groß und viel Platz für alle da war, schloss ich die Augen. Das innere Erleben verzückte mich, und ich fühlte mich mit mir und allem um mich herum verbunden. Glückseligkeit erscheint mir als das passende Wort für dieses fast überirdische Erleben. Im Anschluss gab es einen Erfahrungsaustausch zu zweit. Ein paar Meter entfernt sah ich einen etwas in sich gekehrten Mann, mit dem ich mich über Blickkontakt verständigte, so dass wir zusammenfanden. Mein Gesprächspartner gab mir das Feedback „du siehst so ernst aus, geht's Dir nicht gut?" Ich staunte, denn größer hätte der Gegensatz zwischen meinem inneren Erleben und der äußeren Wirkung auf ihn nicht sein können. Ich erzählte ihm von meinen Gefühlen beim Tanzen. Er war ein aufmerksamer Zuhörer. Dann war er mit Erzählen an der Reihe, und erneut staunte ich, denn er berichtete davon, wie schwer er sich getan habe, sich auf die Musik einzulassen, und wie unbeweglich er sich im realen und übertragenen Sinne vorkomme. Das liege an seiner derzeitigen Lebenssituation und einer derzeitigen depressiven Stimmung. Ich dachte mir: „er ist der, der ernst ist und dem es nicht gut geht". Er „sah" also in meinem Gesichtsausdruck sich selbst. Ich habe selten so eindrücklich erfahren, wie Projektion funktioniert: er nimmt seine Verfassung bei seinem Gegenüber wahr, erkennt sie aber nicht als seine eigene. Er projiziert also seine Innenwelt auf die Außenwelt. Dieses Gespräch hat sich tief in mir verankert. Wenn ich mich künftig versunken dem Tanzen hingab und innerlich verzückt war, wandte ich mich kurz meiner Gesichtsmuskulatur zu und schenkte mir selbst ein Lächeln.

Das Bewusstsein ist in der Lage, das eigene Erleben als das eigene Erleben betrachten zu können und es nicht in das Gesicht des anderen hineinprojizieren zu müssen. Das Bewusstsein ist in der Lage, nach innen zu schauen und die eigenen Gefühle und Gedanken zu beobachten. Wenn ich Beobachterin meiner Gefühle und Gedanken bin, bin ich ihnen nicht mehr ausgeliefert. Ich kann Gedanken und Gefühle zwar nicht an- oder abschalten, aber ich kann mit einer anderen Fähigkeit, meinem analytischen Forscher-blick, herausfinden, warum diese Gefühle in mir sind. Wenn ich mir selbst auf die Spur gekommen bin, geschieht etwas Magisches: ich kann zwar nicht die äußere Situation, aber meinen Blick auf mich und damit auf die Situation ändern. Mit dieser neuen Perspektive auf das Geschehen, verändern sich meine Gefühle zu der Situation oder Person, und damit erweitern sich meine Handlungsmöglichkeiten. Meine innere Freiheit liegt also in der Fähigkeit, meine Gedanken und Gefühle aus ihrem Reflex befreien zu können und bewusst, also selbst zu definieren, was mir eine Situation über mich selbst sagt. Dann bin ich nicht mehr gefangen in meinen unbewussten Reaktionen, sondern kann entscheiden, ob und wie ich agieren will.

Zurück zum Anfang: *Frau Doris* ist mir dank Michaela meine personifizierte Beobachterin. *Frau Doris* ist nicht in der Lage, die Vorgänge des vegetativen Nervensystems zu steuern. Aber mit meinem beobachtenden Bewusstsein bin ich in der Lage, herausfinden, welche Umgebung und Nahrung mir guttut und entspricht. So wie manche Blumen viel und manche Blumen wenig Wasser benötigen, so verschieden sind auch wir Menschen in unseren Bedürfnissen.

Das ist eine triviale Erkenntnis. Doch deren Umsetzung bedeutet, dass ich mich auf den Weg machen muss, mich kennenzulernen und dann zu wissen, was mir wohltut und was mich durcheinanderbringt oder mein inneres System verstopft. Mit *Frau Doris* kann ich mich von mir selbst distanzieren und meine Verstopfung zum Ausgangspunkt für Betrachtungen machen, die weit über Stoffwechselvorgänge hinausgehen. Etwas so Persönliches wie eine Verstopfung zum Auftakt für einen Essay zu nehmen braucht aber noch etwas anderes: die Einstellung, mich selbst nicht so wichtig zu nehmen und über mich selbst lachen zu können, in einem Wort: Humor. Dieser verbindet Menschen auch jenseits der Sprache, in dieser Geschichte Michaela und mich. Hier braucht es keine Selbsterkenntnis, denn Menschen mit Humor erkennen sich auf Anhieb und sind einander sympathisch.

„Die roch ja nach Knoblauch!"

Dieser Satz galt mir, obgleich er nicht für meine Ohren bestimmt war. Ich konnte nicht glauben, dass die Frau, mit der ich kurz zuvor in Anwesenheit ihres Mannes ein Gespräch übers Alleinreisen führte, so über mich sprach, nachdem ich außer Sicht-, aber nicht außer Hörweite war. Bis vor wenigen Sekunden noch standen wir an einer großen Übersichtstafel mit allen Wanderwegen der Gegend auf einem Parkplatz in 1600 Meter Höhe. Die meisten Touristen oder Wanderer parkten dort, um ihre Tour zu starten. Ich war von meiner Unterkunft aus zu Fuß hoch-gestiegen. Es war ein sehr steiler Pfad und durch die lange Trockenperiode auch nicht ganz ungefährlich, und trotz meiner Wanderschuhe mit sehr gutem Profil kam ich gelegentlich ins Rutschen. Dennoch war es ein interessanter Weg, den ich genossen habe, obwohl oder gerade weil er mir körperlich einiges abverlangte.

Alle paar Höhenmeter kreuzte der steile Pfad die Straße, die sich in Serpentinen nach oben schlängelte. Kurz vor der letzten Etappe, die auch für Fußgänger auf der Straße endete, nutzte ich die Gelegenheit eines prächtigen Ausblicks, um Wasser zu trinken und Wasser zu lassen. Dafür hockte ich mich hin und vertraute darauf, dass niemand just in dieser einen Minute meinen Weg kreuzen würde. In der Hocke sah ich die gigantisch großen Steine, die den Pfad säumten, aus einer anderen Perspektive. Und da zeigte sich mir ein Schriftzug an einem Stein, den ich in aufrechter Position sicher übersehen hätte. Während ich pinkelte, entzifferte ich die Buchstaben: *Hexen Klapf.* Ich schmunzelte aus zweierlei Gründen: zum einen, weil ich ein erneutes Beispiel dafür gefunden hatte, was durch einen Perspektivwechsel möglich wird, und zum anderen, weil ich das Wort *Hexe* fand. Just am Abend zuvor war ich beim Abendessen mit einem Paar am Nachbartisch ins Gespräch gekommen. Während wir das Essen genossen, bestaunten wir das prächtige Plateau des Bergmassivs, das von der Abendsonne mit einem flammenden Rot beschienen wurde. Meine Tischnachbarin erzählte, dass dort früher Hexenzeremonien stattgefunden haben sollen. Mehr wusste sie leider nicht, und ich nahm mir vor, dem weiter nachzugehen. Meine Aufmerksamkeit für Hexen war also geweckt.

Die letzten 500 Meter, nicht Höhenmeter, lagen vor mir, und ich hatte gerade wieder meinen Rucksack geschultert, als ich von einer Wanderin überholt wurde. Sie grüßte mich mit einem kurzen Nicken und stiefelte sehr zügig voran. Ich dachte mir noch, wie selten ich doch in den vergangenen Wochen einzelne Frauen beim Wandern getroffen hatte, und staunte über ihr Tempo. Entweder trainierte sie oder sie hatte vor, ein Ziel zu erreichen, das wie angekündigt jenseits meines Zieles auf 1600 Meter Höhe hinter der nächsten Straßenkurve lag. Als ich dort ankam, erinnerte ich mich an die Worte meiner Vermieterin, dass dieser Aussichtsort eher ein Parkplatz und damit Startpunkt für Wanderungen auf den 2200 Meter hohen Gipfel sei. Der Ausblick war prächtig, doch der Ort war hässlich. Das Wort verwende ich selten, doch hier kommt mir kein passenderes in den Sinn. Ich übernehme es von einem Gespräch mit zwei Wanderern 300 Höhenmeter tiefer. Dieses Paar stieg ab, ich stieg auf. Ich war atemlos, denn der Pfad war steil und die Luft war schwül. Mein Kreislauf war strapaziert. Ich hielt an der Seite des schmalen Pfades, um die beiden an mir vorbeizulassen. Wir grüßten einander, und ich fragte, ob es noch weit bis nach oben sei. Dabei kamen wir ins Plaudern über den Weg und das Ziel. Der Mann sagte in seinem schönen Schweizer Dialekt, es sei hässlich. Ich fragte, ob er diesen Weg meine, denn er war übersät von gestürzten Bäumen, die sich ineinander verhakten, so dass es wie ein überdimensioniertes Mikado-Spiel aussah. „Nein", sagt er, „das alles hier ist Natur, und Natur ist nie hässlich". Er meine den Aussichtsort, also mein Ziel. „Na ja, dann ist wohl der Weg mein Ziel" kommentierte ich seinen Satz mit dem bekannten Zitat. Er quittierte meine Äußerung, die ja häufig als Floskel missbraucht wird, mit zustimmenden Gesten, und zu dritt philosophierten wir noch eine kleine Weile über Wege und Ziele, bis wir wieder jeder unseres Weges gingen. Ich empfand diesen kurzen Dialog zwischen uns einander Unbekannten nicht nur als willkommene Pause, sondern mochte dieses Paar auch sofort in seiner freundlichen Art, wie sie miteinander und wie sie mit mir waren: zugewandt und aufmerksam. Sie wirkten wie eine Einheit und gleichzeitig eigenständig. Was genau mir diesen Eindruck verschaffte, kann ich nicht konkretisieren. Ich habe das einfach so empfunden und vertraue inzwischen auf mein Gespür für Menschen. Wenn es sich angenehm anfühlt, genieße ich die Begegnung. Nur wenn sich eine Begegnung nicht stimmig anfühlt und ich eine diffuse Störung bei mir bemerke, beobachte ich an mir, was genau mich aus meinem inneren Einklang gebracht hat. Dabei gehe ich in einen Dialog mit mir selbst, für den ich mit mir allein sein muss.

An der Begegnung mit dem Paar genoss ich die harmonische Ausstrahlung der Beiden sowie den inhaltlich bereichernden Austausch. Dem Paar scheint es gelungen zu sein, eine schöne gemeinsame Melodie miteinander zu entwickeln. Ich erkenne das daran, weil ich mich gut fühle in der Gesellschaft solch eines Paares. Und mir gefiel die Deutlichkeit, mit dem der Wanderer den Parkplatz beschrieb. Als ich dort oben ankam, erinnerte ich mich seiner zutreffenden Beschreibung: *hässlich*. Wenn etwas hässlich ist, habe ich die Wahl: mich aufzuregen oder abzuwenden. Inzwischen wähle ich nicht mehr, sondern wende mich einfach ab. Das spart meine Energie, denn Ärger über etwas, das ich nicht ändern kann, ist überflüssig. Ebenso verhalte ich mich inzwischen, wenn ein Mensch sich mir gegenüber hässlich verhält: ich wende mich ab. Ich hatte diesen Ort, also mein Ziel erreicht, hatte erkannt, dass er mir nichts gab, und brauchte nur kurz verweilen, um meinem Kreislauf Gelegenheit zur Erholung zu geben. Meinen anderen biologischen Bedürfnissen war ich ja kurz zuvor schon nachgegangen. So blickte ich erst einmal auf die Aussicht und dann auf die Wandertafel. Dort standen ein Paar und ein weiterer Mann, den ich sagen hörte: „Manchmal braucht man (Mann) ja auch Urlaub von den Frauen". Die drei schienen zu einer Reisegesellschaft zu gehören, denn in einigem Abstand standen weitere Wanderer, von denen einige seinen Spruch kommentierten oder einfach nur lachten. Ich dachte mir gerade, diesen Satz könnte ich auch umdrehen, und eine

Sekunde später hörte mich sagen: „Manchmal brauchen auch Frauen Urlaub von ihrem Mann". Manchmal überrasche ich mich selbst mit frechen Äußerungen, sie kommen zügellos aus meinem Unbewussten. In diesem Fall war es wohl die Absicht, der einzigen Frau in dieser Gruppe zu signalisieren, dass der Satz andersherum viel gültiger ist. Da sie mir zustimmte, ihr Mann übrigens ebenso, ergänzte ich noch einen weiteren Satz: „Drum bin ich froh, allein unterwegs zu sein".

Sie fragte, wie lange ich schon alleine unterwegs sei, und kaum dass sie meine Antwort hörte, ergänzte sie, sie würde sich das nicht trauen. Man fühle sich dann doch einsam. Ich meinte, dass ich mich inmitten der Natur nie einsam fühle, hingegen inmitten unter Menschen zuweilen schon. Sie stimmte mir zu, dennoch befürchte sie, dass ihr langweilig werde. Allmählich wurde mir langweilig. Ich fragte mich, warum und realisierte, dass sie mir gar nicht richtig zuhörte, sondern lediglich ihre zahlreichen Bedenken hervorbrachte. Sie konnte sich gar nicht für meine Erfahrungen interessieren, so sehr war sie gefangen in ihrer Welt mit ihren Ängsten. Ihr Mann stand neben ihr, er schaute zwar freundlich, aber auch ein wenig herablassend auf seine Frau. Vielleicht irre ich mich mit diesem Eindruck, vielleicht wollte er auch nur nicht, dass seine Frau von mir hört, wie interessant es sei, allein unterwegs zu sein. Warum ermutigte er seine Frau nicht, es auch einmal zu versuchen?

Ist das eine „gute" Partnerschaft? Das ist nicht die „richtige" Frage, denn „gut" und schlecht" sind Bewertungen, die ohne Kontext keine Aussage entfalten. Ich frage mich also, wann es sich in einer Partnerschaft gut leben lässt? Wann bin ich in einer Partnerschaft aufgeblüht? Das war immer dann der Fall, wenn der Partner mir seinen wohlwollenden Blick schenkt und mich bestärkt, das zu wagen, was ich mir nicht zutraue, obwohl ich es mir wünsche. Das kann auch bedeuten, den anderen mit Rückmeldungen zu beschenken, die man selbst nicht wahrnehmen kann, weil man blind für sich selbst ist. Ich war als junge Frau blind für meinen „klugen Kopf", bis mir ein Partner immer wieder zu verstehen gab, wie intelligent und tiefgründig ich sei. Wer hingegen in einer Partnerschaft den anderen braucht, weil man allein nicht zurechtkommt, wird sich hüten, den anderen liebevoll „anzustupsen", auf dass er seine Potenziale entfalte. Es könnte ja bedeuten, dass der andere realisiert, dass sich das Leben ohne den Partner als viel lebendiger und freudvoller erweist.

Ich verbrachte diese Wochen in der Bergwelt allein und fühlte mich lebendig, auch weil ich jeweils zügig realisierte, wenn eine Situation oder ein Ort mir nicht behagte oder zusagte. Diese Wochen waren voller Freude, weil das Wandern mir Vergnügen bereitete. Es wird mir vor allem als Zeit voller Lebendigkeit in Erinnerung bleiben, weil es eine Zeit des Lernens und der Selbsterkenntnisse über mich selbst war. Ich war auf der Spur zu meiner wahren Natur und erlebte diesbezüglich eine Zeit voller Wunder, also eine im Wortsinn wunder-volle Zeit. Abends wurde ich mit drei Gängen aus der regionalen Küche nicht nur versorgt, sondern nachgerade verwöhnt. Am Abend zuvor genoss ich fangfrische Forellen aus dem nahegelegenen Teich, sie waren gefüllt mit Knoblauch und Kräutern. Ich saß an meinem Einzeltisch und hörte mich mehrfach, wie ich beim Essen deutliche Laute des Genusses von mir gab. Als meine Tochter noch bei mir wohnte, liebte sie diese vernehmbaren Geräusche des Genießens. Sie hat mich dann jeweils nachgemacht, und wir haben herzhaft gelacht über mich und meine Eigenarten.

Das Paar am Nachbartisch aß schweigend, es war mir einerlei, was sie von mir dachten. Das Alleinsein ermöglichte mir eine bewusstere Wahrnehmung. Dankbar erkannte ich, welch genussvolle Zeit für all meine Sinne ich hier erlebte. Meine Sinne sind meine Tür zur Welt, durch sie empfinde ich, durch sie erfahre ich mich. Sie lassen mich erkennen, dass ich eine Geniesserin bin: ich tauche ein ins Erleben und spüre, was es in mir auslöst. In der Bergwelt beim Wandern, indem ich meinen Körper spüre und die Geräusche höre, die die Wanderschuhe auf den steinigen Pfaden oder dem weichen Waldboden produzieren, beim Genießen des Ausblicks, wenn die Weite und Ferne der Berggipfel in mir einen Schauer der Erhabenheit auslösen. Jedes sinnliche Erleben beschert mir eine andere Art des Genusses, die ich viel intensiver in mir aufnehme, wenn ich allein bin. Je mehr ich mich selbst erkannte, desto zügiger empfand ich, wenn ein Ort für meine Sinne uninteressant oder karg oder unsinnlich erschien. Wenn ich mir das nicht bewusst machte und in der Situation verharrte, fühlte ich mich mal einsam oder mal angestrengt. Dies versuchte ich der Frau zu vermitteln. Sie schielte immer öfter zu ihrem Mann, als ob sie sich seiner Zustimmung vergewissern wollte, und erst da realisierte ich eine Neigung in mir, alle Beteiligten in eine Situation einbeziehen zu wollen. Für mein berufliches Wirken ist das sehr dienlich. Hier jedoch war ich privat. Ich schulterte meinen Rucksack, verabschiedete mich von den Beiden und wünschte ihnen noch eine schöne Zeit. Als ich hinter dem Reisebus verschwand, hörte ich sie sagen: *„Die roch ja nach Knoblauch".*

3.

Von der Kunst, sich und dem Leben zu vertrauen

„Einfach Loslassen"

Festhalten kostet Kraft - Loslassen braucht Weisheit
Woltemade Hartmann

Psychologen haben ja nicht immer den besten Ruf, was ich anhand einer frustrierenden Erfahrung bei einem Psychologen sogar nachvollziehen kann: nach den ersten aufregenden und glücklicherweise erfolgreichen Jahren meiner Freiberuflichkeit suchte ich Zugehörigkeit zu einem Team und fand eine Beratungsfirma, die einen exzellenten Ruf hatte. Doch das, was ich suchte, fand ich dort nicht, nämlich ein offenes Miteinander. Ich fühlte mich nicht verbunden mit den Kollegen. Ich fragte mich warum, bis ich realisierte, dass ich nicht als diejenige gesehen wurde, die ich bin. Um doch noch irgendwie dazuzugehören, kämpfte ich gegen das Bild an, das manche der Kollegen sich von mir machten.
Eine Geburtstagskarte mit einem Spruch des Künstlers Nam June Paik öffnete mir die Augen: „when too perfect, lieber Gott böse". Die Botschaft auf der Postkarte war natürlich augenzwinkernd gemeint, deren subtiler Subtext verletzte mich aber. Bislang hatte ich mich weder als perfekt betrachtet, noch war es für mich erstrebenswert, perfekt sein zu wollen.

Diese Zuschreibung klebte an mir wie ein Etikett, sie ließ sich wie Schneckenschleim nicht lösen. Ich fühlte mich unverstanden, und jeglicher Versuch einer Klärung blieb nicht nur ergebnislos, sondern verschlimmerte die Situation nur noch. Dennoch gelang es mir nicht, das Team zu verlassen. Die Verletzungen nagten an mir und mein Selbstwert litt. Darum suchte ich einen Coach auf. Nachdem ich die Situation geschildert hatte, bekam ich die Empfehlung: „Lassen Sie einfach los". Wenn das Loslassen so einfach wäre, hätte ich das doch längst getan! Erneut fühlte ich mich unverstanden und ärgerte mich über diesen Psychologen, der solch eine Empfehlungen einfach vom Stapel und mich damit alleine ließ. Dennoch war diese eine Sitzung für etwas „gut", denn ich wusste nun, was ich brauchte. Kurz darauf fand ich einen anderen Psychologen, der mir helfen konnte, weil er mich nicht mit einer einfachen Empfehlung abspeiste, sondern mich bei dem schwierigen Prozess des Loslassens begleitete.

Als erstes half er mir zu verstehen, *warum* ich so lange darum gekämpft hatte, von meinen Kollegen als die wahrgenommen zu werden, die ich bin, und fragte mich: „wer bist Du denn?" Ich konnte ihm nicht antworten, und musste mir eingestehen, dass ich mich eigentlich gar nicht so gut kannte, wie ich es von mir glaubte. Das war mir unangenehm, weil ich mir schon damals Selbsterkenntnis „auf meine Fahnen schrieb". Mein Coach spiegelte mir auf seine sanft konfrontative Weise, ich habe wohl doch einen sehr hohen Anspruch an mich selbst. Er lächelte mich dabei so verschmitzt an, dass ich mich nur ganz kurz ertappt fühlte, und dann vor allem erfreut war, weil ich etwas verstanden hatte: bei meinem hohen Anspruch an mich selbst ging es mir nicht darum, perfekt sein zu wollen. Als er mich fragte, worum es mir denn ginge, hatte ich erneut keine Antwort. Es galt also herauszufinden, was mir wichtig ist. Manches Mal hatte ich den Eindruck, dass er mich besser kennt, als ich mich selbst. Weil ich ihm vertraute, konnte ich alles annehmen, was er sagte. Er gab mir Rückmeldungen, die ich mir selbst nicht hätte erarbeiten können, denn ich war „betriebsblind". Er hielt mir immer wieder einen Spiegel vor. Von ihm habe ich gelernt, wie wichtig und wohltuend zugleich es ist, gespiegelt zu werden. Allmählich entdeckte ich auch durch meine eigenen Beobachtungen, was mir wichtig ist: Perfektion.

Was ich nicht selbst erkennen konnte, waren meine schnelle Auffassungsgabe und mein Gespür für Stimmigkeit, denn diese war ja schon immer in mir, darum habe ich sie als normal und selbstverständlich betrachtet. Nun verstand ich, dass die Bilder der Kollegen über mich nicht mit meinem wahren Wesen übereinstimmten, sondern wie eine Oberfläche auf sie gewirkt haben, an der sie sich selbst gespiegelt haben.

Die Menschen, die sich für mich interessierten, steckten mich nicht in die Schublade mit der Überschrift „perfektionistisch". Sie schätzten oder teilten sogar meinen Antrieb nach Perfektion. Nach und nach erfasste ich den Unterschied zwischen Perfektion und Perfektionismus, indem ich mit forschendem Blick durch mein Leben ging, und eine wundersame Wendung registrierte: plötzlich „fanden" lauter Klientinnen zu mir, die ihren Perfektionismus loslassen wollten. Wir gingen gemeinsam auf Spurensuche und fanden den inneren Glaubenssatz für ihren Perfektionismus heraus. Diese Klientinnen, allesamt begabte Frauen, gewährten mir einen tiefen Einblick sowohl in das Wesen des Perfektionismus als auch in ihren inneren Kampf, der in dem Glaubenssatz mündet: „ich darf keine Fehler machen". Dieser Satz gehört nicht zu meinem eigenen Repertoire an Glaubenssätzen, denn erstens lerne ich gern, und zweitens am meisten durch Fehler. Flüchtigkeitsfehler sind sogar meine ständigen Begleiter, mit denen ich mich mittlerweile arrangiert habe. Wenn ich mich auf einem Flipchart verschrieben hatte, nahm ich die korrigierte Visualisierung dennoch mit in das Seminar. Ich war schlichtweg zu faul, alles noch einmal neu zu schreiben, denn die korrigierte Version erfüllte ja ihren Zweck, nämlich die Inhalte des Seminars zu veranschaulichen. Meine Kollegen hingegen schrieben alles neu, sie meinten, die Teilnehmer erwarten fehlerfreie Flipcharts. Ist das perfektionistisch?

Mithilfe meines Coaches erkannte ich, dass hier wohl Projektion im Spiel war, und das war der Moment, in dem ich loslassen konnte. Erst am Ende dieses längeren Prozesses voller Erkenntnisse über mich selbst gelang mir das Loslassen. Es war ganz einfach, so als erntete ich eine reife Frucht vom Baum. Dennoch erschien mir das Loslassen wie ein Wunder: mein Blick öffnete sich für mich selbst und meine Qualitäten, und dabei entdeckte ich eine neue Qualität in mir, die auch mit P beginnt: Präzision. Das Wort allein verzaubert mein Gehirn und zaubert ein Lächeln in mein Gesicht, denn ich liebe es, präzis zu sein. Allerdings nur bei dem, was ich mit Leidenschaft tue.

Meine Erkenntnisse gaben mir zukünftig Orientierung für meinen beruflichen Weg, und ich taufte meinen inneren Kompass als Dreiklang aus *Passion, Präzision und Perfektion*. Ein Kollege von mir, mit dem gemeinsam ich mein erstes Buch verfassen durfte, registrierte nicht nur meine Vorliebe für den exakten, sondern auch für den spielerischen Umgang mit Wörtern und kommentierte augenzwinkernd mein „erotisches Verhältnis" zu ihnen. Seitdem ich meine Gaben kenne und vor allem liebe, erlebe ich mit allen, die meine Gaben erkennen und ebenfalls lieben, eine unkomplizierte Zusammenarbeit, in der meine Eigenarten manches Mal Anlass zu herzlichem Gelächter geben. Auf meiner Geburtstagskarte würde heute stehen „…der liebe Gott lacht mit".

Diese erfreulichen Erfahrungen wurden erst möglich, weil ich erkannt hatte, warum ich so lange an einer unerfreulichen Konstellation festgehalten hatte. Und ich habe eine weitere, wegweisende Erkenntnis über mich selbst aus dieser Episode mitgenommen: lange Zeit dachte ich von mir, ich bräuchte die Zugehörigkeit zu einem Team. Nachdem ich mehrmals Versuche unternommen hatte, Teil eines Teams zu sein, und mich nie so richtig wohlfühlte, habe ich erkannt, dass ich mich als Einzelgängerin nicht nur wohlfühlen, sondern meine Gaben auch viel besser ausleben kann.

Diese Erkenntnis war richtungsweisend für mich. Nur mit dem Wort konnte ich mich nicht anfreunden, weil es einen negativen Beigeschmack hat, zumal ich ein geselliger Mensch bin. Irgendwann „fand" ich ein schönes Wort für mich, ein Fundstück aus meinem Lieblingstal half mir dabei: es war ein weißer Stein aus Marmor, handtellergroß und geformt wie ein einzelner Berg, fast ein wenig wie das Matterhorn. Seine Form und seine Farbe haben mich angesprochen, ich nahm ihn mit und hielt ihn den ganzen weiteren Weg in meiner Hand. In meiner Unterkunft angekommen, platzierte ich ihn prominent auf meinem Nachttisch, fotografierte ihn, sendete das Foto an ein paar Freunde und titulierte mein Fundstück ohne nachzudenken: „mein Solitär". Als ich abends das Licht löschte und dabei den Stein anschaute, kam blitzartig eine Eingebung in Form von vier Worten zu mir: „ich bin ein Solitär". Seitdem habe ich meinen Frieden mit mir gefunden. Doch bis dieses weiße Gestein auftauchte, fand ich mich immer wieder in Beziehungen, bei denen mir das Loslassen nicht gelang und ich mit der Situation und mit mir rang.

Als ich mich im Frühjahr 2020 erneut mit dem Loslassen schwertat, schien das Leben mir einen heiteren Wink geben zu wollen und schenkte einen magischen Satz. Diesmal wurde er nicht in einer psychologischen Praxis geäußert, sondern an einem Ort, der ausnahmslos für das Loslassen geschaffen ist, einem Recyclinghof. Der Lockdown war gerade aufgehoben. Die langen Wochen, in denen ich mit mir allein war und auf dem Balkon meiner Dachgeschosswohnung die Sonne genoss, verhalfen mir zu einem inneren Aufräumen. Doch mir fehlte der Mut, das Alte hinter mir zu lassen und das Neue zu wagen. Parallel dazu lagen seit Monaten in meinem Kellerverschlag Gegenstände, die darauf warteten, entsorgt zu werden: Regalbretter, Holzrahmen, Batterien und eine ausgediente Toilettenbrille. Eines Tages im Mai war es nach mehreren Anläufen so weit, mich dieses Mülls zu entledigen Endlich kam der Tag, auf den ich gewartet hatte, an dem ich nicht aus innerem Zwang, endlich Ordnung schaffen zu müssen, sondern mit Tatkraft und Schwung all diese Gegenstände in mein Auto wuchtete, um sie zu entsorgen. Während ich zum Recyclinghof fuhr, dachte ich schmunzelnd, wie leicht mir das Loslassen fällt bei den Regalbrettern und einer Toilettenbrille, die mehr als 15 Jahren ihren Dienst getan hatte.

Meine Assoziationen liefen frei los, wie auf der Toilette, auch einem Ort des Loslassens. Zunächst erinnerte ich mich an meine Sperrmüllerlebnisse als Jugendliche: es war jedes Mal ein Event, auch wenn wir das früher nicht so nannten. Wir zogen durch die Straßen und fanden immer irgendwelche unbrauchbare Kuriositäten oder brauchbaren Kleinigkeiten. Damit man diese Sachen überhaupt finden konnte, mussten andere Menschen vorher einen Prozess durchlaufen, den man Loslassen nennt. Von manchen Sachen trennt man sich leicht oder ist sogar froh, sie loszuwerden. Manche Gegenstände und Möbel mag man gar nicht abgeben, weil sie Teil der eigenen Lebensgeschichte sind, und sogar wenn sie kaputt oder unbrauchbar sind, kann das ein zäher Prozess sein. Am schwersten fällt das Loslassen, wenn Partner einen auffordern, sich von etwas zu trennen. Eigentlich ist so eine Aufforderung übergriffig und sollte in einer Beziehung nicht vorkommen, aber das ist ein anderes Thema.

All diese Gedankenstränge tauchen in mir auf, während ich zum Recyclinghof fahre, ich staune, erfreue mich an ihnen, schalte das Radio ab und lasse weitere Erinnerungen zu. Für uns Jugendliche war der Tag des Sperrmülls immer ein Fest, schon am Vorabend stapelten sich vor den Einfamilienhäusern in den Randbezirken Hamburgs Berge oder zumindest kleine Haufen von Sperrmüll. Selbst wenn man nichts fand, machte es Spaß, darin zu wühlen. Wenn man dann auf etwas stieß, was man vorher gar nicht gesucht hatte, aber brauchbar oder sogar schön fand, war der Jagdinstinkt mehr als befriedigt. Manchmal ging es auch nur schlicht um das „Brauchen": wir hatten wenig Geld, und so wurde jedes Fundstück oft nicht nur zu einer brauchbaren, sondern zu einer notwendigen

Ergänzung des eigenen Mobiliars und Equipments. Außerdem war es toll, seinen Freunden am nächsten Tag in der Schule von den Jagdtrophäen zu erzählen und sich an dem Neid der anderen zu erfreuen. Das Highlight meiner Sperrmüll-biografie trug sich zu im Jahre 1991 in Övelgönne, einem Stadtteil in Westen Hamburgs an der Elbe. Mittlerweile war ich Studentin, nicht liquide, aber „fertig" eingerichtet in meinem WG-Zimmer.

An einem lauen Sommerabend spazierte ich mit einem damaligen, noch aus Schulzeiten bekannten Freund Harald durch die engen Gassen von Övelgönne. Harry nannten wir ihn, und hatten regelmäßig unsere Freude dran, den legendären Satz „Harry, hol' schon mal den Wagen" aus der Krimireihe „Derrick" zu zitieren. Harry fuhr einen roten, sehr alten Ford Taunus. Und er fuhr den Wagen sehr häufig vor. Irgendeiner von uns mimte immer den von Horst Tappert verkörperten Kommissar. Mit Harry und diesem Ford Transit verbinden mich viele Erinnerungen aus der Oberstufenzeit. Harry und sein Ford Transit fuhren uns weite Strecken zum Roskilde Festival in Dänemark oder an die französische Atlantikküste. Sie fuhren uns an Samstagabenden mit bis zu sieben tanzfreudigen jungen Menschen in Diskotheken mit den Namen *Madhouse* oder *Zorba the Buddha*.

Einige Jahre später fuhr Harry ein anderes Auto und studierte irgendwo im Osten Deutschlands Medizin. Über Ostern war er zu Besuch in Hamburg. Wir gingen in Övelgönne spazieren, und Harry erinnerte mich an das schönste Ostergeschenk, das er jemals bekam. Ich hatte es lange vergessen. Es war ein ausgeblasenes Ei, auf dem in kleinsten Buchstaben unzählige Male der Name Harry geschrieben stand. Da wir lange aus dem Alter heraus waren, in dem man die von den Eltern versteckten Schokoladeneier suchten, versteckte ich damals etwas anderes: ein einziges *Hutz* zwischen all den *Harrys*. Ich überreichte ihm dieses besondere Osterei mit einer Karte auf der stand: „Finde das Hutz". Seitdem war er bekannt unter der Erweiterung seines Namens, nämlich *Harry Hutz*. Namen sind etwas Bedeutsames, und manche Namen werden erst so richtig vergoldet durch die Geschichte über ihre Entstehung.

Wir fragten uns, wie kommt eigentlich der Name Övelgönne zustande? Övelgönne ist für jeden Nicht-Hamburger ein merkwürdiger Name für einen Stadtteil. Er hat, wie so viele Merkwürdigkeiten, seine eigene Geschichte. Damals fanden wir keine Erklärung für diesen eigentümlichen Namen. Mittlerweile gibt es Wikipedia und damit eine Antwort:

Der Name des Stadtteils bedeutet „Übelgunst" und kommt einer Überlieferung zufolge von „Übel gegönnt" (övel gönnt) und deutet auf die Missgunst der Ottenser Bevölkerung gegenüber den Övelgönnern hin. Diese hatten aufgrund ihrer flussnahen Wohnlage die Möglichkeit, sich wertvolles Strand-gut, das die Elbe freigab, vor allen anderen anzueignen. ...Heute bezeichnet man so nur noch den entsprechenden Abschnitt des Elbstrands in Hamburg, den schmalen Fußgängerweg, den zahlreiche alte Häuser säumen, die teilweise mehrere hundert Jahre alt sind und lange Zeit von Lotsen und Schiffskapitänen bewohnt wurden.

Ich mag diese schöne Umschreibung für das, worum es hier geht: die Elbe lässt wertvolles Strandgut frei. Wie anders es doch klingt, und welche schönen Bilder in mir entstehen, wenn ich sage, „ich lasse los". Loslassen hat immer etwas Trauriges, finde ich. Wenn ich hingegen etwas freigebe, dann hat das etwas Würdevolles an sich. Die Natur, in diesem Fall ein Strom namens Elbe, ist uns Menschen da voraus.

Zurück zu meinen Sperrmüll-Erinnerungen: wir spazierten auf diesem schmalen Fußgängerweg in Övelgönne, und ich genoss den Blick in die Häuser, zugegeben, mit ein bisschen Neid, doch nicht mit *Übelgunst*, und ich fragte mich, wer da wohl wohnt und wie die Bewohner wohl leben. Als angehende Psychologin fragte ich mich dies regelmäßig, wenn ich Menschen im Café beobachtete oder eben auch, wenn ich in das Fenster eines Erdgeschosses schaute, wie an diesem lauen Abend im Mai. Auch heute Abend ist es Mai, während ich diesen Essay schreibe, man könnte auch sagen, aus dem Archiv meiner Erinnerungen „freigebe". Bei dieser Art des Freigebens muss ich nichts loslassen, meine Erinnerungen bleiben mir ja erhalten, auch wenn ich sie anderen zur Verfügung stelle. Beim Loslassen ist das, was ich loslassen will oder muss, nicht mehr da, und darum fällt das Loslassen so schwer. Wenn das, was dann weg ist, mich befreit, und Platz für Neues macht, das vielleicht schon da ist oder auf das ich vertraue, dass es „kommen" wird, fällt das Loslassen leichter.

Doch das ist Theorie, in der Praxis unterhielten Harald und ich uns spazierengehender Weise, worüber, das weiß ich nicht mehr. Es war ein sehr schöner Weg, vor allem im Frühling: links blühten die Bäume und Blumen in den kleinen Gärten, rechts schmiegten sich die Häuser aneinander und gaben den Blick in ihre beleuchteten Wohnstuben frei. Am Ende dieses schmalen Fußweges stießen wir auf einen Sperrmüllhaufen. Es war nur ein kleiner Haufen, mehr eine lose Ansammlung. Ganz im Vordergrund, fast wie drapiert oder platziert, standen zwei Holzsessel mit Sitzflächen aus geflochtenem Bast, so ein bisschen Kolonialstil. Sie standen schräg zueinander und luden geradezu zum Platznehmen ein, was wir auch taten. Während wir uns ausruhten und weiter plauderten, fanden wir, dass es sich recht gut sitzen ließ in diesen Sesseln. Und wir fanden, dass es doch schade wäre, diese günstige Gelegenheit nicht zu nutzen, und beschlossen, die Sessel mitzunehmen. Der Rückweg war zwar weit, doch die Sessel waren leicht, aber leider auch recht sperrig. Es war ein Spaß und eine Mühsal gleichermaßen, diese voluminösen Möbel den langen Weg zurück zum Auto zu transportieren. Obwohl wir beide wussten, dass in unseren kleinen Studentenwohnungen kein Platz mehr war für auch nur einen dieser Sessel, wollten wir diese Sessel dort in Övelgönne nicht stehen lassen. Es ging uns nicht ums „Brauchen", sondern um den Fund an sich. Wer sich noch erinnert, was in Wikipedia zu Övelgönne zu lesen ist, erinnert sich, dass die flussnahe Wohnlage den Bewohnern die Möglichkeiten eröffnete, sich wertvolles Strandgut als Erste zu eigen zu machen. Die Sessel waren zwar kein Strandgut, das von der Elbe freigegeben, sondern von den Anwohnern Övelönnes losgelassen wurde, doch wir praktizierten das, was die damaligen Bewohner taten: wir nahmen das Strandgut mit. Das mit dem Strandgut liegt schon lange zurück, wie lange, das erzählt Wikipedia nicht. Inzwischen sind die Anwohner von Ottensen wohlhabend und kaufen ihr Mobiliar in Designerläden. Mittlerweile gibt es sogar kreative Designer, die aus Strandgut Unikate bauen. Es gibt also kaum noch Bedarf an ausrangierten Möbeln oder anderem Strandgut. Ob das wohl auch ein Grund war, warum der Sperrmüll abgeschafft wurde? „Sperrmüll" als Datum, an dem alle ihre aussortierten Möbel einfach an die Straße stellen konnten, wurde vor vielen Jahren abgeschafft, zugunsten eines zentralisierteren Formates, des Recyclinghofs. Seitdem gibt es solcherlei Erlebnisse und Geschenke am Rande eines Weges seit vielen Jahren nicht mehr.

Die beiden Sessel stehen seit nunmehr 30 Jahren bei meinem Bruder. Er hatte damals ausreichend Platz für dieses aus unserer Sicht wertvolle Sperrmüllgut, und inzwischen passen sie sogar richtig gut zu einem Ensemble in seiner Wohnung. Alle, die sich dort niederlassen, finden sie genauso gemütlich wie wir damals in Övelgönne an diesem Frühlingsabend. Man sieht es ihnen zunächst nicht an, dass es sich gemütlich in ihnen sitzen lässt. Das geht einem doch häufig so: man sieht es einem Menschen oder einer Situation zunächst nicht an, und dann, wenn man sich einlässt, in diesem Fall, wenn man sich hinsetzt, entpuppt sich etwas als Glücksfall. Aber in diesem Essay geht es ja nicht um das Einlassen, sondern um das Gegenteil, nämlich um das Loslassen. Warum erzähle ich bloß so viel über die Fundstücke in Övelgönne? Ich freute mich so sehr darüber, weil ich wusste, dass sie vorher irgendjemandem gehört haben. Und die Art und Weise, wie die beiden Sessel aufgestellt wurden, hat mir gezeigt: da hat sich jemand Mühe gegeben, sie wurden nicht einfach abgestellt. Also denke ich mir: die Sessel wurden von ihrem früheren Eigentümer bestimmt wertgeschätzt, was sich an der würdevollen Art des Loslassens zeigt.

Manche finden das Wort würdevoll pathetisch, doch ich habe es bewusst gewählt, denn ich finde, dass sich würdevolles Verhalten auch und gerade im Detail zeigt. Und nun, am Ende dieses langen Erinnerungsweges, entdecke ich einen Transfer zur Psychologie des Loslassens: erst wenn ich das, was ich loslasse, würdigen kann, habe ich die Voraussetzungen fürs Loslassen geschaffen. Wie aber soll das „funktionieren" mit dem Würdigen? Nun, eigentlich ist dies der längere Prozess, an dessen Ende der kurze Prozess steht, nämlich das Loslassen. Das ist dann wirklich einfach, weil die schwere Arbeit zuvor erledigt wurde. Mit schwerer Arbeit meine ich emotionale Arbeit rund um meine Gefühle: fühlen, benennen, zuordnen und einordnen. Erst wenn all dies geschehen ist, gelingt es mir, das ganze Geschehen von einer höheren Warte aus zu betrachten und mich selbst darin zu sehen und zu erkennen, was ich durch diese Erfahrung gelernt habe. Alles, was ich gelernt habe, wird mir immer erhalten bleiben. Alles, was ich nicht mehr will, was nicht mehr zu mir passt, lasse ich los. Das ist meine Kurzformel für die Kunst des Loslassens, sie klingt in der Theorie leichter als im Leben selbst.

Zurück geht es in den Mai 2020, als das Leben mir auf dem Recyclinghof zeigte, dass manches ganz einfach gehen kann. Dort ist alles sehr gut organisiert: an jedem Container zeigt ein Schild an, welche Art Müll jeweils in diesen Container gehört. Bei meinem Toilettendeckel war ich mir nicht so sicher und fragte mich: ist er Sperrmüll? Warum eigentlich nicht? Kann ich das anhand meiner Überlegungen zu Materialkunde herausfinden? Oder über die Größe? Manche Menschen, die mich kennen, wundern sich, worüber ich mir gelegentlich Gedanken mache. Ich habe mir auch schon Sprüche eingefangen, wie „warum kompliziert, wenn es auch einfach geht". Dabei wunderte ich mich selbst manches Mal, und fragte mich, warum ich zuweilen so umständlich bin. Nach längerer Selbstbeobachtung fand ich die Art und Weise der Informationsverarbeitung meines Gehirns heraus: das, was sich vielen Menschen als selbstverständlich oder eindeutig darstellt, erscheint mir durchaus nicht immer eindeutig, denn in mir müssen sich erst viele Informationen sortieren, bis sie zu einer Eindeutigkeit führen. Auf dem Recyclinghof mag das als hinderlich erscheinen, aber in zwischenmenschlichen Situationen, die für ihre Komplexität bekannt sind, ist es hilfreich, mehrdeutige Situationen nicht zu schnell eindeutig werden zu lassen. Wenn sich jemand in einer „verzwickten" Situation befindet, sage ich nicht „einfach loslassen". Ich weiß, dass das „Verzwickte" in seiner Vielfalt und Vollständigkeit betrachtet werden will und die einzelnen Gefühlsstränge von den Gedankensträngen entwirrt und sortiert werden müssen. Das Ergebnis oder die Lösung erscheint dann tatsächlich *einfach*. Der Prozess davor hingegen ist Schwerstarbeit und braucht häufig externe Hilfe beim Sortieren. Auf dem Recyclinghof sind die Mitarbeiter die Experten und helfen mir beim Sortieren. Ich kenne die Kriterien für Sperrmüll nicht, aber weiß natürlich intuitiv, dass eine ausrangierte Klobrille weder in den Elektroschrott noch zum Altholz gehört.

Obwohl die Situation eindeutig ist, durchläuft mein Gehirn sein komplexes Verarbeitungsmuster, darum verharre ich mit der Klobrille unterm Arm etwas unschlüssig auf den Stufen, die zum Sperrmüllcontainer führen. Ein Mitarbeiter steht neben dem Container und prüft, ob die Walze korrekt arbeitet, die gerade mit viel Krach viel Sperriges schluckt. In diesem Moment wird mir auch noch überflüssigerweise der Begriff „Sperrmüll" schlüssig, denn er bezeichnet sperrigen Müll. Der Mitarbeiter nimmt Blickkontakt mit mir auf und schaut mich einladend an. Ich deute seine Blicke korrekt, dennoch frage ich mich, ob diese kleine Toilettenbrille zwischen all den sperrigen

Teilen richtig ist. Er schaut mich erneut an und sagt zu mir, unüberhörbar, trotz des Lärms der Presse, zwei famose Worte:

„einfach Loslassen"

Diese beiden Worte sind ein Geschenk für mich psychologisch interessierte Frau, weil sie eine so schlichte, wie bedeutsame Wahrheit in sich tragen. *Einfach* heißt: es ist nicht schwer. Loslassen heißt: nur die Hand öffnen und fallenlassen. In diesem Falle die Toilettenbrille. Wenn ein Mitarbeiter des Recyclinghofes mir diesen Satz direkt an der Sperrmüllpresse sagt, nehme ich ihm das viel lieber ab, als wenn ein Psychologe mir diesen Satz sagt, nachdem ich ihm meine belastende Situation geschildert habe. Das habe ich dann auch sofort getan, und bin seiner Aufforderung nachgekommen. Dabei lächle ich ihn an, weil ich Menschen mag, die solche Situationen unmittelbar erfassen und auf den Punkt bringen. Und obwohl er mit diesem Satz schon mein psychologisches Herz gewonnen hatte, schiebt er noch einen zweiten Satz hinterher: „Gar nicht so einfach, ne?" Wir schauen uns an, signalisieren einander, dass wir dieselbe Art von Humor teilen, und erfreuen uns beide an dieser kurzen Begegnung. Fröhlich fahre ich vom Recyclinghof an der Autoschlange am Eingang vorbei, in der wartende Menschen, genervt aussehend, in ihren Autos sitzen. Ich wünsche ihnen, dass sie die Freuden des Loslassens hoffentlich auch noch erfahren dürfen. Denn das Leben kann voller Alltagsperlen sein, wenn man offen und wach für den Moment ist. Magie schlummert in den kleinsten Momenten, sofern man die Menschen wahrnimmt.

Ob auf dem Recyclinghof oder wo auch immer, sie beschenken einen mit einem einzigen Blick oder Satz. Ein Satz, bewusst vernommen, kann sogar einen zunächst banalen, alltäglichen Moment auf dem Recyclinghof veredeln und verewigen. Veredelte Begegnungen verewige ich in mir. Sie sind mein Reichtum. Sie machen mein Leben reich.

„Einfach loslassen" - diese Aufforderung kam mir zukünftig ganz einfach über meine „mentalen" Lippen, nicht über die realen. Jedes Mal schmunzle ich und erinnere mich an den Blick des Mitarbeiters auf dem Recyclinghof. Mit Vertrauen ins Leben fällt das Loslassen leicht. Dieses Vertrauen zu kultivieren ist allerdings nicht leicht. Fehlendes Vertrauen hat immer eine Geschichte, also ein „Warum". Das Ergründen bringt alten Verlust und schmerzhafte Erinnerungen hervor. Das Kontrollbedürfnis kann ich erst hinter mir lassen, also loslassen, wenn ich den alten Schmerz erfasse und die schlimmen Erfahrungen als den Teil meines Lebens anerkenne, an dem ich am meisten gewachsen und gereift bin.

Eine Straßenkarte für Italien

Es gibt Geschichten, die so irreal erscheinen, dass sie eher zur Kategorie Fiktion passen, doch diese Geschichte ist nicht *erfunden*, sondern eine, in der ich etwas *gefunden* habe. Beide Verben sind vom Wortstamm und vom Klang ähnlich und erinnern mich immer an eine Begebenheit mitten im Sommer, im Juli 2006. Zwei Wochen zuvor bezog ich mit meiner Tochter eine neue Wohnung. Ich lebte noch lange nicht in dem Zustand, der sich eingerichtet anfühlt. Ungefähr zwanzig nicht mehr gebrauchsfähige Umzugskartons stapelten sich im Flur und warteten darauf, in den Altpapiercontainer zu wandern. Es gab noch so vieles zu erledigen, alles schien mir über den Kopf zu wachsen. Damit ich nicht in diesem Gefühl von Überforderung versank, versuchte ich, mithilfe von Listen den Überblick zu behalten. Zudem lag eine Reise nach Italien vor uns: 10 Tage in einem Thermalhotel in Venetien zu einem Urlaub mit Freunden aus ganz Deutschland, die sich alljährlich dort treffen. Nachts lag ich wach, nicht nur wegen der Temperaturen, die in diesem Sommer tropisch waren. In mir drehten Ängste in Form von Gedanken ihre Runden, mit immer demselben Refrain: Wie soll ich das alles nur schaffen? Hinter mir lag eine Krise: der Mann, den ich 11 Jahre zuvor geheiratet hatte, war auf eine Weise aus meinem Leben verschwunden, die ich immer noch nicht so recht fassen konnte. Das hatte sich über die Jahre zuvor zwar angedeutet, doch ich wollte es nicht wahrhaben. Nachdem der Schock und dann der Schmerz langsam wichen, tauchte das bittere wie klare Licht der Erkenntnis auf. Ich musste mir eingestehen, dass ich mich getäuscht hatte. Dieser Prozess war kraftraubend und kraftspendend zugleich. Meine Psyche leistete emotionale Schwerstarbeit, und gleichzeitig fühlte ich mich durchflutet von Kraft zur Bewältigung des Alltages, zur Versorgung meiner Tochter und für den Aufbau meines neuen Lebens. Neben der Erschöpfung aufgrund der zurückliegenden Ereignisse war ich voller Dankbarkeit für all die Hilfe und Unterstützung, die mir in diesen Monaten zuteilwurde. Ich war entwurzelt und verzweifelt und musste gleichzeitig meiner verschreckten Tochter eine Mutter sein. Manches schien sich wie von Wunderhand zu fügen: als eine gemeinsame Bekannte ihre beruflich genutzten Räumlichkeiten erweiterte, konnte ich die Nachfolge ihres Wohnbüros übernehmen. Als ich bei meiner Feier zur Einweihung mit einem Glas prickelnden Getränks neben einer befreundeten Kollegin stand, die mich die Monate zuvor in meinem zerrupften Zustand erlebt hatte, freute sie sich für mich und meinte, ich hätte mich in ein gemachtes Nest setzen dürfen. Ja, ich fühlte mich hier geborgen wie in einem Nest, obwohl es hier alles andere als klein und kuschelig war, sondern groß und geräumig. Der Ort symbolisierte Helligkeit und Weitblick. Von hier hatte ich den Ausblick auf einen Park inmitten der Stadt. So war es mir zwar gelungen, aus meiner Situation das Beste gemacht zu haben, doch weil ich diese Lebenssituation nicht selbst gewählt hatte, wühlte in mir die Ungewissheit in Bezug auf meine Zukunft. Trotz meines neuen Zuhauses fühlte ich mich desorientiert in meinem Leben. Jede Nacht meldeten sich diese Gefühle in mir. Sie klopften allerdings nicht in ihrer reinen Form als Angst an, sondern verkleideten sich als rotierende Gedanken, Druck und negative Vorstellung-en darüber, was alles schief gehen *könnte*. Eines sehr frühen Morgens, so gegen 05.00 Uhr, fiel mir ein, dass ich für die Strecke zwischen dem Brennerpass bis Padua noch keine Straßenkarte besaß. Es würde ein weiterer sehr heißer Tag werden, ich beschloss, die Kühle des frühen Morgens zu nutzen, stand auf und schrieb auf meine Liste:

Eine Straßenkarte für Italien.

Eine andere Aufgabe strich ich durch: *Umzugskartons ins Altpapier*. Ich fuhr zum nahe gelegenen Altpapiercontainer, um diese loszuwerden. Als alle sperrigen Kartons in den Containern versenkt waren, bemerkte ich auf einem der Container einen Stapel Bücher und andere Unterlagen. Ohne zu sehr auf die Titel zu achten, nahm ich viele Bücher mit und deponierte sie auf dem Rücksitz meines Autos. Unter dem Bücherstapel entdeckte ich auch einen Stapel Klaviernoten. Wie passend, dachte ich, denn ich wollte das Klavierspielen wieder aufnehmen. Viele Jahre hatte ich vergessen, wieviel Freude mir das Klavierspielen immer bereitet hatte, auch wenn meine Fähigkeiten nur auf unterem bis mittlerem Laienniveau verharrten. Etwas gedankenverloren nahm ich die Noten mit und stutzte, denn unter dem Notenstapel entdeckte ich noch etwas anderes: eine *Straßenkarte*.

Ich weiß noch heute, wie sie aussah: das Deckblatt bestand aus einem roten und einem grünen Abschnitt, auf dem die Region Norditalien geschrieben stand. Das erschien mir so unwirklich, dass mir schien, als bliebe die Zeit stehen. Kurz danach kam wieder Leben in mich, und ich hätte hüpfen können vor Freude, wäre es nicht so heiß gewesen. Von dem Moment an schien mir alles leichter von der Hand zu gehen. Ich fühlte mich auf eine wundersame Weise „gut versorgt" vom Leben und nahm diese Begebenheit als Symbol dafür, dass sich manches findet und fügt, wenn ich meine Aufmerksamkeit darauf richte. Meine Englischlehrerin schenkte mir das passende Wort dazu: *Serendipity*. Es beschreibt eine überraschende Entdeckung oder einen Vorfall, der eigentlich gar nicht vorkommen kann, und passt aus meiner Sicht besser als das deutsche Wort „Glücksfall".

Ein paar Tage später brachen wir nach Italien auf. Es war eine weite Fahrt, auf der ich Gelegenheit zum Nachdenken hatte. Die letzte Etappe war die angenehmste, denn ich war mit Sabina und Udo verabredet, die aus dem Sauerland anreisten. Unser Treffpunkt waren d*ie Kristallwelten* bei Innsbruck. Wir sehen uns selten und freuten uns auf eine gemeinsame Urlaubswoche. Sie kannten den Weg zu dem Familienhotel in Abano Therme in Venetien. Wir folgten ihnen, und ich war froh, dass ich meine Straßenkarte nicht brauchte. Sie hatte ihren Zweck auf eine andere Weise erfüllt. Ich brauchte nur hinter den Beiden herzufahren, was es für mich zum schönsten Teil der Fahrt machte. Wann immer ich sie verlor, weil die italienischen Autofahrer flink und geschmeidig jede Lücke zwischen zwei Autos nutzten, warteten sie in der nächsten Ortschaft auf mich. Sie gaben mir das sichere Gefühl, dass wir uns gar nicht verlieren konnten. Während ich hinter ihnen herfuhr, merkte ich, wie mich der Neid überrollte. Die beiden hatten nur einen Tag nach meiner Hochzeit geheiratet. Während meine Ehe im August geschieden werden würde, erlebte ich, wie ihre Ehe sich vertiefte. Sie vertiefte sich nicht, weil sie sich immer verstanden. Sie vertiefte sich, obwohl sie sich nicht immer verstanden und ihre Unterschiedlichkeit beim „Schopfe packten" und das taten, was man „durch dick und dünn gehen" nennt. Ich fragte mich, während ich durch die schönen Landschaften Südtirols hinter ihnen herfuhr, warum es mir nicht vergönnt war, eine reife Beziehung dieser Art zu leben. Ich fand keine Antwort. Ich habe etwas anderes gefunden: An dieser Lebenskrise bin ich gewachsen und habe Fähigkeiten und Kräfte in mir entdeckt, die mir früher nicht bewusst waren. In mir hat sich eine neue Haltung etabliert, die abgedroschen oder kitschig wie ein Kalenderspruch klingt: „Ich kann alles schaffen." Für mich bedeutet dieser Satz eine existentiell wichtige Erinnerung an meine innere Kraftquelle, die mir vor allem nachts Zuversicht spendet.

All dies wurde mir auf der Fahrt durch Norditalien bewusst. Als wir am späten Nachmittag endlich auf den Parkplatz des Hotels fuhren und unser Gepäck aufs Zimmer brachten, ließ ich den Bücherstapel im Auto. Eine Woche der Erholung und des Genusses lag vor uns, und die brauchte ich mehr als dringend nach dem Jahr, das hinter mir lag. Für mich bedeutete diese Woche den Auftakt in ein neues Leben. Eine lange Autofahrt lag hinter uns. Ich wollte das Auto diese Woche nicht mehr bewegen. Ich wollte das italienische Essen genießen und ausgiebig im Thermal-wasser plantschen. In der Mitte dieser Woche hatte ich mich hinreichend erholt und bekam Lust aufs Lesen. Ich erinnerte mich des Bücherstapels auf der Rückbank meines Autos und begab mich in der Mittagshitze auf den Parkplatz zu meinem Auto. Ich hatte es zwar unter Bäumen geparkt, doch es war trotz Schatten so heiß, dass es mir den Atem verschlug. Darum beeilte ich mich beim Durchsehen des Bücherstapels. Ein kurzer Blick auf den Titel genügte, um zu entscheiden, ob das Buch in meiner Tasche landen würde. Kaum ein Buch fand seinen Weg in der Tasche, und ich begann mich zu fragen, was mich vor wenigen Wochen veranlasst hatte, diese Bücher vom Altpapiercontainer einzusammeln. Ich wunderte mich zunehmend über meine Auswahlkriterien. Der Stapel neigte sich seinem Ende zu, als ich auf ein dickes gelbes Buch im DIN-A-6-Kleinformat blickte, es war ein Langenscheidt Wörterbuch, Englisch-Deutsch, Deutsch - Englisch.

Ich erinnere mich noch genau daran, was ich dachte: ich wunderte mich über mich selbst, dass ich neben all diesen Büchern ausgerechnet dieses dicke Langenscheidt-Wörterbuch mitgenommen hatte. Es war doch sehr altmodisch. Es erinnerte mich an meine Abiturzeit, in der ich so ein Exemplar für meinen Leistungskurs in Englisch benutzt hatte. Einem nostalgischen Impuls folgend, nahm ich dieses dicke gelbe Buch in die Hände, blätterte es auf und las etwas, was mir bekannt vorkam. Es dauerte ein paar Sekunden, bis ich realisierte, was mir bekannt vorkam: ich las meine eigene frühere Handschrift. Auf der Innenseite des Buches erkannte ich nicht nur meine Handschrift - ich las dort auch meinen Namen und meine Adresse. Es war *mein* Wörterbuch, das ich Anfang der 80er Jahre als Schülerin beschriftet hatte und das ich fast drei Jahrzehnte später auf der Rückbank meines Autos

fand, welches auf einem Parkplatz eines Hotels in Norditalien stand. Diesmal klopfte mein Herz nicht wegen der Hitze. Mein Hirn blockierte. Meine Hand warf das Buch unwillkürlich zurück auf die Rückbank. Meinem Herzen gab ich durch mehrere tiefe Atemzüge die Chance, sich zu beruhigen, mein Hirn setzte sich von selbst wieder in Gang, und meine Hand hob das Buch wieder auf. Ich las den Schriftzug noch einmal: das war unverkennbar meine jugendliche Handschrift, dort standen *mein* Name und die Adresse *meines* Elternhauses. Es war *mein* Buch. Ich versuchte mich zu erinnern, wann und warum ich das Wörterbuch weggegeben hatte. Es fiel mir nicht mehr ein. Wahrscheinlich als Studentin, während eines Umzugs in eine kleine Wohnung. Nun bin ich diesen Sommer in eine große Wohnung eingezogen. Nachdem ich mein altes Leben „verloren" und mich unfreiwillig in ein neues Leben aufgemacht habe, fühlt es sich nach kurzer Zeit allmählich „richtig" an. In mein früheres Leben wollte ich inzwischen nicht mehr zurück. Mein neues Leben entsprach mir viel mehr. Aus dieser Krise bin ich gestärkt hervorgegangen, und der Satz *Ich kann alles schaffen* erinnert mich daran. Mit diesem Fund gesellte sich ein weiterer Satz dazu, der sich durch dieses Erlebnis in Italien in mir eingraviert hat:
Nichts geht verloren.

Zurück in Hamburg bringe ich eines schönen Tages im August den ungelesenen Bücherstapel zurück zum Altpapiercontainer. Als ich zu Fuß die Straße entlang gehe und in die Richtung der Container schaue, stutze ich, denn schon von Weitem sehe ich: Die Altpapiercontainer stehen nicht mehr dort. Sie sind fort.

Nachlese: Magische Momente

Die Geschichte der Straßenkarte und des Wörterbuches kommt mir immer dann in den Sinn, wenn ich mich von meinem Leben überfordert fühle oder meine Zukunft mit ihrer Ungewissheit mich nachts in Gestalt dunkler Träume besucht. Dann übe ich mich in der Kunst, mir und dem Leben zu vertrauen, indem ich mich dieser magischen Momente erinnere. Sie schenken mir eine Gewissheit, dass ich meinen Weg finden werde oder dass sich mein Weg mir zeigen wird.

Wenn ich gefragt werde, woher ich diese Gewissheit „nehme", erzähle ich diese Geschichte und wundere mich über die das Ausbleibend verbaler oder nonverbaler Reaktionen meiner Zuhörer. Irgendwann frage ich nach und erfahre dann, das Erlebnis sei so unwahrscheinlich, dass es kaum zu glauben sei. Einige geben auch zu, etwas neidisch zu sein, weil sie in ihren Erinnerungen nach einer ähnlichen Erfahrung suchen, jedoch keine finden können.

Dieses Erlebnis kam in einer Lebensphase zu mir, als ich inmitten einer Krise vom Leben überfordert und nur noch im Bewältigungsmodus war. Damals war mir diese Ge-schichte ein Beweis, dass ich dem Leben vertrauen könne. Je häufiger ich sie erzählte, desto mehr wandelte sich ihre Bedeutung für mich. Mittlerweile nehme ich sie nicht mehr als Beweis, sondern betrachte sie als ein Geschenk des Lebens. Seitdem suche ich nicht mehr nach weiteren Geschichten dieser Art, sondern lasse mich überraschen von solchen *magischen Momenten*. Ausgerechnet bei Sabina und Udo, die mir ja auf der damaligen Italienreise besondere Gefährten waren, wird uns ein neuer magischer Moment geschenkt: ich bin bei ihnen zu Besuch, weil ich wieder nach Italien fahre, dieses Mal allerdings zu einer Schreibklausur nach Südtirol.

Durch unsere vielen Aufenthalte in Venetien sind wir auf eine Weise verbunden, die nur wenige Worte braucht. Wir sehen uns selten und haben einander immer viel zu erzählen. Nach dem Abendessen bleiben Sabina und ich noch eine Weile in der Küche sitzen. Ich mache ihr nicht nur ein Kompliment über das leckere Essen, sondern auch über ihre neue Kette mit einem blauen Anhänger, die sehr gut mit ihren Augen harmoniert. Sabina erzählt, dass sie diese nur trägt, weil sie eine andere, besondere Kette verloren hat, ihre Goldkette. Diese hatte für sie einen realen Wert und vor allem eine ideelle Bedeutung. Ich kannte diese Goldkette und wusste um ihre Bedeutung: in den Anhänger ist das Symbol unseres gemeinsamen spirituellen Lehrers eingraviert, in der Mitte funkelt ein strahlender Diamant. Dass sie diese Kette verloren hatte, traf sie, nicht nur wegen des Verlustes, sondern auch wegen ihrer Unachtsamkeit. Sie meinte, sie habe sich so sehr an diese Kette gebunden, dass sie sie Tag und Nacht getragen habe. EIne lange Zeit und an vielen Orten habe sie nach ihr gesucht, sie war nicht aufzufinden. Erst als sie den Verlust akzeptieren konnte, merkte sie, dass sich etwas in ihr veränderte: seitdem trug sie Schmuckstücke, die sie in ihrer

Schublade lange Zeit nur noch aufbewahrt hatte. Sie erzählte mir, wie sie es genoss, seitdem die Erbstücke ihrer Mutter und die Geschenke ihres Mannes zu tragen. Sie realisierte, wie sie sich an dieser einen Goldkette festgehalten hatte, und erkannte, dass erst der Verlust der Kette ihr eine neue Freiheit ermöglicht hatte.

Wir tauschen uns bis tief in die Nacht über unsere Verluste und Abschiede aus und welche Erkenntnisse in ihnen verborgen liegen. Wir erkannten, dass Abschiede nur dann etwas Neues zutage fördern können, wenn man den Schmerz zulässt. Als ich mich am nächsten Morgen reisefertig mache, fragt Sabina mich, ob ich ihre hellgraue Strickjacke haben möchte, sie stehe ihr nicht, darum trage sie sie nur äußerst selten. Ich ziehe die Strickjacke an, sie passt exakt zu meiner Größe. Sie riecht gut, nach Sabina. Ich fühle mich sofort wohl darin. Ich danke ihr für dieses Kleidungsstück, das ich nicht brauchte, von dem ich aber weiß, dass es mir eine Bereicherung sein wird. Die Strickjacke ist anschmiegsam und leicht, und auch ihre Länge passt perfekt. Ich sage ihr, dass ich sie gemütlich finde, und wie um meine Aussage zu unterstreichen, finden meine Hände ihren Weg in die beiden Taschen. Dort nimmt meine rechte Hand etwas wahr, was sich wie ein „sich kräuselndes Etwas" anfühlt. Bevor mein Bewusstsein weiß, was es ist, wissen meine Hände, was sie gefunden haben: Sabinas verlorene Goldkette.

Künstler der Selbsterkenntnis von A bis Z

Arendt, Hanna: Ich will verstehen.
Selbstauskünfte zu Leben und Werk.
Piper Verlag. München 2020.

Benjamin, Walter: Träume.
Suhrkamp Verlag. Frankfurt am Main, 2008

Cheng, Francois: Über die Schönheit der Seele.
Sieben Briefe an eine wiedergefundene
Freundin. C.H. Beck Verlag, 2018

Damasio, Antonio R.: Ich fühle, also bin ich.
Die Entschlüsselung des Bewusstseins.
List Verlag. Berlin, 2004

Einstein, Albert: Mein Weltbild.
Europa Verlage. München 2021

Feldmann, Deborah: Überbitten.
Secession Verlag, Berlin, 2017

Gibran, Khalil: Ausgewählte Texte. Das Khalil
Gibran Lesebuch. Goldmann Verlag, 1983

Hillesum, Etty: Das denkende Herz der Baracke.
Die Tagebücher 1941-1943.
Herder Verlag. Freiburg, 2014

Irving, John: Witwe für ein Jahr.
Diogenes Verlag. Zürich, 2000

John O'Donohue: Anam Cara. Das Buch der
keltischen Weisheit.
Deutscher Taschenbuch Verlag. München 2005

Krishnamurti, Jiddu: Selbsterkenntnis. Auf dem
Weg zum befreiten Geist.
O.W. Barth. München, 2014

Lichtenberg, Georg Christoph: Aphorismen -
Essays -Briefe. Deutsche Verlagsbuchhandlung.
Leipzig, 1963

Montaigne, Michel: Essais.
Reclam, Stuttgart, 1969

Nietzsche, Friedrich: Der tanzende Stern.
Weisheiten und Erkenntnisse.
Anaconda, München, 2023

Oz, Amos: Wie man Fanatiker kuriert.
Suhrkamp Verlag. Frankfurt am Main, 2004

Prinz, Alois: Bonhoeffer. Wege zur Freiheit.
Gabriel Verlag. Stuttgart, 2017

Rumi: Sei Sonne, sonst bleibst Du Fledermaus.
Ausgewählte Texte.
marixverlag. Wiesbaden, 2016

Siegel, Daniel J: Mindsight. Die neue
Wissenschaft der persönlichen Transformation.
Goldmann Verlag. München, 2012

Thoreau, Henry David: Leben ohne Grundsätze.
Essay.
Limbus Verlag. Innsbruck, 2017

Ungerer, Tomi: Warum bin ich nicht du?
Diogenes Verlag. Zürich, 2016

Varela, Francisco J.: Ethical Know How.
Action, wisdom and cognition .
Stanford University Press, 1999

Watzlawik, Paul: Die Unsicherheit unserer
Wirklichkeit. Gespräche über Konstruktivismus.
Piper Verlag. München, 1988

Yogananda, Paramahansa: Autobiografie eines
Yogi.
O.W. Barth Verlag. Weilheim, 1967

Zweig, Stefan: Die Welt von Gestern.
Erinnerungen eines Europäers.
Fischer Verlag, Frankfurt am Main, 2017